Schnipsel-Gedichte, Comic-Lyrik und Insta-Poetry

Janina Weiß

Außergewöhnliche Zugänge zur Lyrik von Goethe bis Rupi Kaur

Arbeitsblätter für die Sek I

Verlag an der Ruhr

Impressum

Titel
Schnipsel-Gedichte, Comic-Lyrik und Insta-Poetry
Außergewöhnliche Zugänge zur Lyrik von Goethe bis Rupi Kaur
Arbeitsblätter für die Sek I

Autorin
Janina Weiß

Umschlagmotive
Goethe: © THANIT; Feder: © littlemagic; Laptop/Bücher: © wayne_0216; Kopfhörer: © New Africa; Schere: © patpitchaya; Sprechblase: © raven – alle stock.adobe.com; Würfel © Verlag an der Ruhr

Illustrationen (Kapiteldeckblätter)
Glühbirne, Kleeblatt: © Verlag an der Ruhr; Goethe: © THANIT; Feder: © littlemagic – alle stock.adobe.com; Würfel: © ctrlaplus / Shutterstock.com; Ast, Zapfen: Dorothee Wolters

Lektorat
Heike Krüger-Beer

Satz und Layout
LemmeDESIGN, Berlin

Druck
Heenemann GmbH & Co. KG, Berlin, DE

Geeignet für die Klassen 5–10

ISBN 978-3-8346-4340-7

Inhaltsverzeichnis

Vorwort

Liebe Kolleg*innen[1],

Lyrik gehört selten zu den Lieblingsthemen von Schüler*innen und häufig fällt es Lehrkräften schwer, dieses Thema zu unterrichten. Daraus kann ein Teufelskreis entstehen, dem der vorliegende Band mit handlungs- und produktionsorientierten Projekten begegnen möchte. Die Schüler*innen sollen den Reiz lyrischer Texte erfahren können, indem sie nicht nur gelesen, sondern mit allen Sinnen durch eigene Gestaltung erlebt werden.
Es geht insbesondere darum, das breite Feld der sprachlichen Gestaltungsmöglichkeiten von Gedichten aufzuzeigen. Rhythmus, Betonung, Stilmittel, Wortwahl und Wortneuschöpfung – was auf den ersten Blick einschränkend erscheint, eröffnet bei genauerem Hinsehen viele Freiheiten. Diese sollen die Schüler*innen durch die motivierenden produktionsorientierten Projekte des vorliegenden Bands kennenlernen.
Mithilfe ausgefallener, multimedial angelegter Projekte wird die individuelle Kreativität angeregt: sei es durch analoge Bastelprojekte, wie z. B. *Jahreszeit im Schuhkarton* oder *Schnipsel-Gedichte,* oder durch das Produzieren digitaler Medien, wie z. B. eines *Regenhörspiels* oder eines Stop-Motion-Films zu Schillers Ballade *Der Handschuh.*
In Einzel-, Partner- oder Gruppenarbeit werden die Gedichte inhaltlich erschlossen, besprochen und schöpferisch verarbeitet. Dieser Ansatz ermöglicht eine tiefer gehende und umfassendere Auseinandersetzung mit der Thematik als der klassische Lyrikunterricht. Zudem können die entstandenen Ergebnisse auch im weiteren Unterricht genutzt und auf den gewonnenen Erkenntnissen aufgebaut werden.
Zu den Jahrgangsstufen 5/6, 7/8 sowie 9/10 finden Sie jeweils fünf einsatzfertige Projekte. Sie müssen nur die dazugehörigen Arbeitsblätter kopieren und es kann losgehen! Hilfreiche Tipps, die Sie bei der Unterrichtsvorbereitung unterstützen, können Sie der vorangestellten *Projektübersicht und Lehrerhinweisen* zu Beginn jedes Kapitels entnehmen.
Hier finden Sie beispielsweise Hinweise zur Umsetzung, Kompetenzziele oder weiterführende Links und Apps[2]. Zudem finden Sie im ersten Kapitel kopierfertige *Spickzettel,* die Ihren Schüler*innen bei Bedarf einen schnellen Überblick über das wichtigste Fachwissen ermöglichen.

Ich wünsche Ihnen viel Spaß beim Ausprobieren der Projekte!
Janina Weiß

---

1 Der Verlag an der Ruhr legt großen Wert auf eine geschlechtergerechte und inklusive Sprache. Daher wird bevorzugt das Gendersternchen genutzt, um sowohl männliche und weibliche als auch nichtbinäre Geschlechteridentitäten einzuschließen. Alternativ werden neutrale Formulierungen verwendet. In den Aufgabestellungen für die Schüler*innen finden sich aus didaktischen Gründen neutrale Begriffe oder Doppelformen.

2 Externe Inhalte, Programme etc. von Drittanbietern, auf die in diesen Materialien verwiesen wird, wurden lediglich auf ihre didaktische Eignung sowie offensichtlich rechtswidrige Drittinhalte geprüft. Bitte klären Sie für Ihren individuellen Fall, ob die jeweiligen Angebote und deren Nutzungsbedingungen den an Ihrer Schule geltenden Regelungen entsprechen.

Spickzettel

Was ist ein Gedicht?

Alle Texte lassen sich in Kategorien einteilen. Zuerst unterscheidet man zwischen pragmatischen Texten, z. B. Bericht, Gebrauchsanweisung oder Rezept, und literarischen Texten, z. B. Roman, Märchen oder Gedicht. Während in literarischen Texten Erzähler oder Erzählerinnen die Handlung beschreiben, spricht in Gedichten das sogenannte lyrische Ich zu ihnen. Außerdem haben Gedichte weitere Merkmale, an denen man sie leicht erkennen kann.

Form: Gedichte sind meistens **kurz,** bestehen aus **Strophen und Versen** und **reimen** sich.
! Es gibt jedoch auch Gedichte, die sich nicht reimen.

Rhythmus: Gedichte haben oft einen bestimmten Rhythmus. Er wird durch eine bestimmte **Abfolge von betonten und unbetonten Silben** erreicht.
! Es gibt jedoch auch Gedichte mit freiem Rhythmus.

Gestaltung: Gedichte benutzen oft eine besondere Sprache, die sehr bildhaft ist. Die Bildhaftigkeit wird durch bestimmte **Stilmittel** erreicht, z. B. **Vergleiche** oder **Metaphern.** Dadurch lässt sich ein Gedicht oft auf viele verschiedene Arten interpretieren und verstehen.

Beispiel:

Das Möwenlied
Christian Morgenstern

Die Möwen sehen alle aus,
als ob sie Emma hießen.
Sie tragen einen weißen Flaus
und sind mit Schrot zu schießen.

Ich schieße keine Möwe tot,
ich lass sie lieber leben –
und füttre sie mit Roggenbrot
und rötlichen Zibeben[1].

O Mensch, du wirst nie nebenbei
der Möwe Flug erreichen.
Sofern du Emma heißest, sei
zufrieden, ihr zu gleichen.

Form:
Das Gedicht besteht aus drei Strophen mit je vier Versen. Es ist in Form eines Kreuzreims geschrieben, das heißt, der erste und dritte Vers bilden einen Reim und der zweite und vierte Vers.

Rhythmus:
Das Gedicht hat einen regelmäßigen Rhythmus, bei dem sich unbetonte und betonte Silben abwechseln.

Gestaltung:
Im Gedicht spielt der Vergleich von Mensch und Möwe eine Rolle: Während die Möwe zu Beginn als „mit Schrot zu schießen" beschrieben wird, steht am Ende ihre Eleganz im Vordergrund.

Morgenstern, Christian: „Das Möwenlied", in: Paefgen, Elisabeth K; Geist, Peter: „Echtermeyer. Deutsche Gedichte. Von den Anfängen bis zur Gegenwart. Auswahl für Schulen" Cornelsen: 2010. 20. Auflage, S. 506

1 **die Zibebe:** Rosine

© Verlag an der Ruhr | Autorin: Janina Weiß | ISBN 978-3-8346-4340-7 | www.verlagruhr.de

Wichtige Stilmittel (1/2)

Dichter und Dichterinnen verwenden in Gedichten eine besondere Sprache. Sie ist oft sehr bildlich und enthält bestimmte Stilmittel. Die wichtigsten dieser Stilmittel stehen in der folgenden Liste:

die Alliteration	aufeinanderfolgende Wörter mit dem gleichen Anfangsbuchstaben	Fischers Fritz fischt frische Fische.
die Anapher	die Wiederholung von Wörtern am Anfang eines Verses oder Satzes	„Ich hör die Bächlein rauschen Im Walde her und hin, Im Walde in dem Rauschen Ich weiß nicht, wo ich bin.“[1]
der Chiasmus	Satzteile, die sich in ihrer Bedeutung oder Position ähneln, werden überkreuzt	„[...] Die Kunst ist lang; Und kurz ist unser Leben.“[2]
die Ellipse	ein verkürzter Satz	Gönn dir. Treffen um halb?
das Enjambement	der Zeilensprung in einem Vers, sodass das Versende nicht das Ende des Satzes bzw. der Sinneinheit ist	„Doch davon mal abgesehen und bei Lichte betrachtet sind sie im Grund noch immer die alten Affen.“[3]
die Epipher	die Wiederholung von Wörtern am Ende eines Verses oder Satzes	„Die Sterne scheinen, und alles ist gut, Sie tadeln keinen, und alles ist gut.“[4]
die Hyperbel	eine Übertreibung	Für die Hausaufgaben brauche ich eine Ewigkeit.
die Interjektion	ein Ausrufewort	Hey! Aha! Aua!
die Inversion	eine ungewohnte Position eines Wortes im Satz	„Sah ein Knab' ein Röslein stehn, [...] Lief er schnell es nah zu seh'n, [...]“[5]
die Ironie	eine Aussage, die das Gegenteil des eigentlich Gemeinten ausdrückt	Wir hatten mal wieder tolles Wetter im Urlaub – es hat dauernd geregnet.

1 Erste Strophe aus Eichendorff, Joseph von: „In der Fremde“, in: Gutenberg Spiegel, URL: https://www.projekt-gutenberg.org/eichndrf/gedichte/chap016.html

2 Auszug aus dem vierten Kapitel aus: Goethe, Johann Wolfgang von: „Faust“, URL: https://www.projekt-gutenberg.org/goethe/faust1/chap004.html

3 Vers 28–30 aus Kästner, Erich: „Die Entwicklung der Menschheit“, in: Ders: „Gesang zwischen den Stühlen“. Atrium: Zürich, 2017, S. 8

4 Vers 1–2 aus: Platen, August von: „Die Sterne“, in: Ders.: „Gedichte“, Reclam-Verlag: Stuttgart, S. 1968, URL: https://www.projekt-gutenberg.org/platen/gedichte/chap042.html

5 Vers 1 und 4 aus: Goethe, Johann Wolfgang von: „Heidenröslein“, in: Paefgen, Elisabeth K; Geist, Peter: „Echtermeyer. Deutsche Gedichte. Von den Anfängen bis zur Gegenwart. Auswahl für Schulen“, Cornelsen Verlag: Berlin, 20. Auflage 2010, S. 236

© Verlag an der Ruhr | Autorin: Janina Weiß | ISBN 978-3-8346-4340-7 | www.verlagruhr.de

Wichtige Stilmittel (2/2)

die Klimax	eine stufenweise Steigerung	Ich habe die beste Arbeit der Klasse, des Jahrgangs, der Schule!
die Lautmalerei	die Wiedergabe von Tönen und Klängen durch Wörter	Peng! fauchen, knurren, zischen
die Litotes	eine Untertreibung, ausgedrückt durch eine doppelte Verneinung	Das war nicht unklug.
die Metapher	ein bildhafter Ausdruck	Sie ist ein Wildfang. Wir haben Königswetter!
der Neologismus	die Schöpfung eines neuen Wortes	bombfaszinös, Ehrenfrau
das Oxymoron	eine Kombination aus Begriffen, die sich eigentlich widersprechen	bittersüß „Schwarze Milch der Frühe“[1]
der Parallelismus	der symmetrische Aufbau von Versen und Sätzen	Heiß sind die Himbeeren und kalt ist das Vanilleeis.
die Personifikation	Einem Tier oder Gegenstand werden menschliche Eigenschaften und Fähigkeiten zugeschrieben.	Die Sonne lacht vom Himmel. Die Zeit läuft uns davon.
der Pleonasmus	die Kombination von inhaltlich ähnlichen Wörtern	das grüne Gras der blaue Himmel
die rhetorische Frage	eine Frage, auf die keine Antwort erwartet wird, sondern die Ausdruck einer Meinung ist	Wie lange soll das noch so gehen?
das Symbol	die konkrete bildliche Darstellung eines abstrakten Inhalts	ein Herz für die Liebe eine Taube für den Frieden
die Synästhesie	Formulierungen und Ausdrücke, die mehrere Sinnesebenen miteinander kombinieren	schreiendes Rot eine warme Stimme
die Umschreibung	Ein Wort wird durch einen umschreibenden Ausdruck ersetzt.	eine rosarote Brille aufhaben „[Denn] das Auge des Gesetzes [wacht.]“[2]
der Vergleich	Begriffe, Gegenstände oder Personen werden durch *als* oder *wie* miteinander verglichen.	Sie ist mutig wie eine Löwin.
die Wiederholung	Wörter, Ausrufe oder Satzteile werden immer wieder verwendet.	Mein Koffer wurde gestohlen! Das Handy weg, das Geld weg, alles weg.

1 Erster Vers aus Celan, Paul: „Die Todesfuge“, in: Ders.: „Mohn und Gedächtnis“. DVA: Stuttgart, 1952

2 Vers 209 aus Schiller, Friedrich: „Das Lied von der Glocke“, in: Ders.: "Das Lied von der Glocke". Stift Kremsmünster: Kremsmünster, 1868, S. 10

© Verlag an der Ruhr | Autorin: Janina Weiß | ISBN 978-3-8346-4340-7 | www.verlagruhr.de

Reim und Rhythmus (1/2)

Die meisten Gedichte reimen sich und folgen einem bestimmten Rhythmus. Beide Kategorien – Reim und Rhythmus – kann man noch genauer unterscheiden.
Das **Reimschema** beschreibt die Verteilung der Reimwörter in den Strophen und Versen. Den Reimwörtern werden kleine Buchstaben zugeordnet, um das Schema zu bestimmen. Folgende Reimschemata können unterschieden werden:

Kreuzreim	a – b – a – b	„Die Möwen sehen alle aus, als ob sie Emma hießen. Sie tragen einen weißen Flaus und sind mit Schrot zu schießen."[1]
Paarreim	a – a – b – b	„Es gibt zwei Sorten Ratten: Die hungrigen und satten. Die satten bleiben vergnügt zu Haus, Die hungrigen aber wandern aus."[2]
Umarmender Reim	a – b – b – a	„Es sang vor langen Jahren Wohl auch die Nachtigall, Das war wohl süßer Schall, Da wir zusammen waren."[3]
Schweifreim (Mischung aus Paarreim und umarmendem Reim)	a – a – b – c – c – b	„Der Mond ist aufgegangen, die goldnen Sternlein prangen am Himmel hell und klar, der Wald steht schwarz und schweiget, und aus den Wiesen steiget der weiße Nebel wunderbar."[4]
Binnenreim	Reim innerhalb eines Verses	„Sein Blick ist vom Vorübergehn der Stäbe so müd geworden, daß er nichts mehr hält. Ihm ist, als ob es tausend Stäbe gäbe und hinter tausend Stäben keine Welt."[5]

1 Erste Strophe aus Morgenstern, Christian: „Das Möwenlied", in: Paefgen, Elisabeth K; Geist, Peter: „Echtermeyer. Deutsche Gedichte. Von den Anfängen bis zur Gegenwart. Auswahl für Schulen", Cornelsen Verlag: Berlin, 20. Auflage 2010, S. 506

2 Erste Strophe aus Heine, Heinrich: „Die Wanderratten", in: Paefgen, Elisabeth K; Geist, Peter: „Echtermeyer. Deutsche Gedichte. Von den Anfängen bis zur Gegenwart. Auswahl für Schulen", Cornelsen Verlag: Berlin, 20. Auflage 2010, S. 401

3 Erste Strophe aus Brentano, Clemens: „Der Spinnerin Nachtlied", in: Paefgen, Elisabeth K; Geist, Peter: „Echtermeyer. Deutsche Gedichte. Von den Anfängen bis zur Gegenwart. Auswahl für Schulen", Cornelsen Verlag: Berlin, 20. Auflage 2010, S. 346

4 Erste Strophe aus Claudius, Matthias: „Abendlied", in: Paefgen, Elisabeth K; Geist, Peter: „Echtermeyer. Deutsche Gedichte. Von den Anfängen bis zur Gegenwart. Auswahl für Schulen", Cornelsen Verlag: Berlin, 20. Auflage 2010, S. 198

5 Erste Strophe aus Rilke, Rainer Maria: „Der Panther", in: Paefgen, Elisabeth K; Geist, Peter: „Echtermeyer. Deutsche Gedichte. Von den Anfängen bis zur Gegenwart. Auswahl für Schulen", Cornelsen Verlag: Berlin, 20. Auflage 2010, S. 510

© Verlag an der Ruhr | Autorin: Janina Weiß | ISBN 978-3-8346-4340-7 | www.verlagruhr.de

Reim und Rhythmus (2/2)

Für den Rhythmus eines Gedichts ist die Verteilung der Betonungen von besonderer Bedeutung. Ähnlich wie beim Reimschema gibt es auch für die Betonungsabfolgen feste Muster. Das **Metrum** oder **Versmaß** beschreibt die Abfolge betonter und unbetonter Silben innerhalb eines Verses. Betonte Silben werden mit einem kleinen Strich über der Silbe markiert.
Die wichtigsten Versmaße sind:

Jambus	unbetont – betont X X̄	„Ich schi̅eße ke̅ine Mö̅we to̅t, ich la̅ss sie li̅eber le̅ben."[6]
Trochäus	betont – unbetont X̄ X	„Frü̅hling lä̅sst sein bla̅ues Ba̅nd Wi̅eder fla̅ttern du̅rch die Lü̅fte."[7]
Daktylus	betont – unbetont – unbetont X̄ X X	„Se̅ht! Wie die Ta̅ge sich so̅nnig verklä̅ren! Bla̅u ist der Hi̅mmel und grü̅nend das La̅nd."[8]
Anapäst	unbetont – unbetont – betont X X X̄	„Und es wa̅llet und si̅edet und bra̅uset und zi̅scht, Wie wenn Wa̅sser mit Fe̅uer sich me̅ngt."[9]

Tipp: Die Wörter *Daktylus* und *Anapäst* haben selbst das Versmaß, das sie beschreiben:
Da̅k-ty-lus A-na-pä̅st

Das Metrum eines Gedichts zu bestimmen, ist manchmal nicht einfach. Am besten liest du das Gedicht laut und mit übertriebener Betonung. Es kann dir helfen, den Rhythmus der betonten Silben mit den Händen oder Füßen zu klopfen oder den Kopf im Takt zu bewegen.

---

6 Vers 5–6 aus: Morgenstern, Christian: „Das Möwenlied", in: Paefgen, Elisabeth K; Geist, Peter: „Echtermeyer. Deutsche Gedichte. Von den Anfängen bis zur Gegenwart. Auswahl für Schulen", Cornelsen Verlag: Berlin, 20. Auflage 2010, S. 506

7 Vers 1–2 aus: Mörike, Eduard: „Er ist's", in: Paefgen, Elisabeth K; Geist, Peter: „Echtermeyer. Deutsche Gedichte. Von den Anfängen bis zur Gegenwart. Auswahl für Schulen", Cornelsen Verlag: Berlin, 20. Auflage 2010, S. 408

8 Vers 1–2 aus: Salis-Seewis, Johann Gaudenz von: „Ermunterung", in: Ders.: „Gedichte" Stuttgart: o. J. (= Deutsche Nationalliteratur Bd. 41), S. 274–276, URL: https://www.projekt-gutenberg.org/salissee/gedichte/chap019.html

9 Vers 31–32 aus: Schiller, Friedrich: „Der Taucher", in: Paefgen, Elisabeth K; Geist, Peter: „Echtermeyer. Deutsche Gedichte. Von den Anfängen bis zur Gegenwart. Auswahl für Schulen", Cornelsen Verlag: Berlin, 20. Auflage 2010, S. 282

© Verlag an der Ruhr | Autorin: Janina Weiß | ISBN 978-3-8346-4340-7 | www.verlagruhr.de

Projekte für Klasse 5/6

Projektübersicht und Lehrerhinweise

Projekt: Jahreszeit im Schuhkarton (S. 15–19)	
Darum geht's	Die Schüler*innen wählen ein Jahreszeitgedicht aus und erstellen dazu in Partnerarbeit in einem Schuhkarton einen Schaukasten (Diorama).
Behandelte Gedichte	Peter Hacks: *Der Herbst steht auf der Leiter* Adolf Holst: *Im Wintergarten* Annette von Droste-Hülshoff: *Frühling ist die schönste Zeit* Paula Dehmel: *Ich bin der Juli*
Kompetenzziele	• produktive Methoden anwenden und einen Text in eine andere Form übertragen • dadurch wesentliche Elemente eines Textes erfassen und das Textverständnis vertiefen

Hinweise zu Stundeninhalt und Methode

Jahreszeitenlyrik ist ein beliebtes Thema für die Unterstufe. Die Thematik entsprechender Gedichte ist den Schüler*innen aus ihrem Alltag bekannt, daher ist die inhaltliche Erschließung der Texte nicht zu anspruchsvoll. Sie können die Gedichte schnell erfassen und mit eigenen Erlebnissen und Erfahrungen verknüpfen und erweitern. Die oft sehr bildhafte Sprache in Jahreszeitengedichten eignet sich für eine kreativ-produktive Auseinandersetzung.

Die Gestaltung von Dioramen verlangt den Schüler*innen nicht nur ab, die Texte mehrmals zu lesen und inhaltlich zu erschließen, sondern dabei auch automatisch auf vorhandenes Wissen über die jeweilige Jahreszeit zurückzugreifen. Um dieses Weltwissen strukturiert abzufragen und zu sichern, kann, ergänzend zum Klassengespräch in Aufgabe 1, auch eine oder mehrere Mindmaps an der Tafel angefertigt werden.

Das Basteln von Dioramen eignet sich besonders gut für eine Partnerarbeit, da dies eine ausgeglichene Aufgabenteilung erlaubt. Der Austausch regt darüber hinaus die Kreativität der Schüler*innen an. Je nach Lerngruppe ist es aber auch denkbar, die Dioramen in Einzel- oder Gruppenarbeit anfertigen zu lassen. Bei Einzelarbeit muss gegebenenfalls mehr Hilfe bei der Ideenfindung angeboten und mehr Bastelzeit veranschlagt werden. Bei Gruppenarbeit ist es ratsam, die Aufgaben innerhalb der Gruppe gemeinsam mit den Schüler*innen zu verteilen und festzuhalten, damit sich jedes Gruppenmitglied gleichermaßen einbringen kann.

Projekt: Schnipsel-Gedichte (S. 20–25)	
Darum geht's	Inspiriert von den *Magnetic Poetry™*-Kühlschrankmagneten setzen die Schüler*innen Wortschnipsel zu lyrischen Texten zusammen.
Behandelte Gedichte	keine
Kompetenz-ziele	• Texte dem Zweck entsprechend und adressatengerecht gestalten • Wortarten kennen und funktional gebrauchen • kreatives Schreiben

Hinweise zu Stundeninhalt und Methode

Ähnlich wie Dave Kapell, der Erfinder der *Magnetic Poetry™*-Kühlschrankmagnete, erfahren die Schüler*innen anhand der Kopiervorlagen, wie schnell man mit vorgefertigtem Wortmaterial kreativ werden kann. Dabei werden sie bewusst nicht durch ein Reimschema eingeschränkt, obwohl es sich je nach Lerngruppe zusätzlich in der Aufgabenstellung ergänzen ließe. Auch die geforderte Länge der Schnipsel-Gedichte ist variabel. Die Schüler*innen verfassen ihre Gedichte allein, aber auch Partnerarbeit wäre denkbar. Eine Arbeit in Gruppen kann dazu führen, dass Kinder, denen kreative Aufgaben leichtfallen, die Führung übernehmen. Statt eines Gallery Walks können die Ergebnisse auch vorgelesen werden. Das Aufhängen im Klassenraum ist jedoch eine zusätzliche Wertschätzung. Das Material und die Arbeitsergebnisse können auch genutzt werden, um in einer Grammatikeinheit Wortarten, Deklination, Wortbildung und/oder Satzglieder zu thematisieren.

Projekt: Lyrik-Casino (S. 26–28)	
Darum geht's	Mithilfe eines Würfelspiels ermitteln die Schüler*innen zufällige Reimwörter, die sie zu Versen und Strophen ergänzen und dadurch eigene Gedichte verfassen.
Behandelte Gedichte	keine
Kompetenz-ziele	• verschiedene Reimschemata kennen und in eigenen Texten berücksichtigen • Texte dem Zweck entsprechend und adressatengerecht gestalten • über einen umfangreichen Wortschatz verfügen • kreatives Schreiben

Hinweise zu Stundeninhalt und Methode

Das Material erlaubt einen spielerischen Zugang zu Reimschemata. Die Schüler*innen sollen Wörter nach dem Zufallsprinzip zu Reimen zusammensetzen. Darüber hinaus eignet sich das Spiel als Abschluss einer Reihe zum Thema Gedichte, als Auflockerungs- oder Belohnungsstunde.

Projekt: Ein zauberhafter Comic (S. 29–31)	
Darum geht's	Die Schüler*innen erschließen den Handlungsverlauf einer Ballade, indem sie sie in Form eines Comics wiedergeben.
Behandeltes Gedicht	Johann Wolfgang von Goethe: *Der Zauberlehrling*
Kompetenzziele	• produktive Methoden anwenden und einen Text in eine andere Darstellungsform übertragen • dadurch wesentliche Elemente eines Textes erfassen und das Textverständnis vertiefen • wesentliche Fachbegriffe zur Erschließung anwenden, z. B. Strophe, Figur, lyrisches Ich, Perspektive

Hinweise zu Stundeninhalt und Methode

Die Sprache in Gedichten wird oft als sehr bildhaft beschrieben. Um diesen Aspekt lyrischer Sprache zu erkunden, zeichnen die Schüler*innen, ausgehend von der Ballade *Der Zauberlehrling*, einen Comic auf eine vorgefertigte Kopiervorlage. Alternativ können die Comics auch auf Blockblätter gezeichnet werden. Die Comics lassen sich in Einzel- oder Partnerarbeit zeichnen. Um die Inhalte zu vertiefen, können im Anschluss die unterschiedlichen Techniken verschiedener Erzählformen reflektiert werden.

Projekt: Die Sache mit den Klößen (S. 32–34)	
Darum geht's	Die Schüler*innen stellen Inhalt und Handlung eines Gedichts in Form eines szenischen Spiels dar.
Behandeltes Gedicht	Erich Kästner: *Die Sache mit den Klößen*
Kompetenzziele	• produktive Methoden anwenden und einen Text szenisch gestalten • dadurch wesentliche Elemente eines Gedichts erfassen und das Textverständnis vertiefen • wesentliche Fachbegriffe zur Erschließung anwenden, z. B. lyrisches Ich, Figur, Rolle, Erzähler, Dialog • Texte sinngebend und gestaltend vortragen

Hinweise zu Stundeninhalt und Methode

Die Erarbeitung von Szenen ausgehend von geeigneten Texten ist fester Bestandteil des Deutschunterrichts. Die szenische Darstellung eines lyrischen Texts fördert in besonderem Maße das Textverständnis.
Die Sache mit den Klößen bietet sich für die szenische Darstellung an, da die Handlung leicht zu erschließen und darzustellen ist. Statt den Text in Kleingruppen erarbeiten zu lassen, kann die Ballade auch nach Strophen aufgeteilt und arbeitsteilig auf verschiedene Gruppen verteilt werden. Die Schüler*innen erarbeiten dann nur eine Szene zu einem Teil des Textes. Am Ende präsentieren die Gruppen ihre Szenen in der richtigen Reihenfolge.

Jahreszeit im Schuhkarton (1/5)

1. **Frühling, Sommer, Herbst und Winter – unser Jahreszyklus besteht aus vier Jahreszeiten. Sicher hast du eine Lieblingsjahreszeit.**
   a) **Tauscht euch zu zweit darüber aus, welche Jahreszeit ihr am liebsten mögt und warum.**
   b) **Sprecht in der Klasse über eure Lieblingsjahreszeiten.**
2. **Lest die folgenden Erläuterungen in der Klasse vor.**

Diorama
Als Diorama bezeichnet man einen Schaukasten, in dem Figuren vor einem realistisch bemalten Hintergrund ausgestellt werden. Die dreidimensionalen Figuren und Objekte werden dabei so platziert, dass sie vor dem Hintergrund möglichst natürlich wirken. Große Dioramen findet man in Naturkundemuseen, wo präparierte Tiere in einem Ausschnitt ihres natürlichen Lebensraums gezeigt werden. Um kleine Dioramen zu basteln, reicht schon ein Schuhkarton. Darin lässt sich mit passendem Material leicht ein spannender Schaukasten ausgestalten.

   a) **Überlegt gemeinsam in der Klasse, was ein Diorama ist und welche Bastelmaterialien ihr benötigt, um selbst ein Diorama zu basteln.**
   b) **Findet euch zu zweit zusammen und einigt euch auf eine Jahreszeit. Überlegt, wie ihr ein dazu passendes Diorama gestalten könnt. Welche Bastelmaterialien benötigt ihr? Notiert sie und entwickelt eure Gestaltungsideen.**

Tipp: Wenn euch schon konkrete Gegenstände einfallen, die ihr zum Basteln benötigt, notiert auch diese.

3. **Bastelt zu zweit ein Jahreszeiten-Diorama.**
   a) **Lasst euch zuvor von eurer Lehrkraft das passende Gedicht zu eurer Lieblingsjahreszeit und eine Bastelanleitung geben.**
   b) **Lest euer Jahreszeiten-Gedicht. Markiert dabei Textstellen, die ihr bei der Gestaltung eures Dioramas darstellen möchtet.**
   c) **Ergänzt eure Liste aus Aufgabe 2b) mithilfe der markierten Textstellen.**
   d) **Fertigt eine Skizze auf dem Materialblatt C an.**
   e) **Lest nun die Bastelanleitung einmal durch und klärt mögliche Fragen mit eurer Lehrkraft. Denkt daran, alle nötigen Bastelmaterialien zu sammeln und mitzubringen.**

Jahreszeit im Schuhkarton (2/5)

LIEBLINGSJAHRESZEIT SOMMER

Ich bin der Juli
Paula Dehmel

Grüß Gott! Erlaubt mir, dass ich sitze.
Ich bin der Juli, spürt ihr die Hitze?

Kaum weiß ich, was ich noch schaffen soll,
die Ähren sind zum Bersten voll;

reif sind die Beeren, die blauen und roten,
saftig sind Rüben und Bohnen und Schoten.

So habe ich ziemlich wenig zu tun,
darf nun ein bisschen im Schatten ruhn.

Duftender Lindenbaum,
rausche den Sommertraum!

Seht ihr die Wolke? Fühlt ihr die Schwüle?
Bald bringt Gewitter Regen und Kühle.

Dehmel, Paula: „Ich bin der Juli", 8. Strophe aus dem Gedicht „Neujahrsspiel", in: Dies.: „Das liebe Nest" Leipzig: Seemann, 1919, URL: https://www.projekt-gutenberg.org/dehmelp/liebnest/liebn405.html

LIEBLINGSJAHRESZEIT FRÜHLING

Frühling ist die schönste Zeit
Annette von Droste-Hülshoff

Der Frühling ist die schönste Zeit!
Was kann wohl schöner sein?
Da grünt und blüht es weit und breit
Im goldnen Sonnenschein.

Am Berghang schmilzt der letzte Schnee,
Das Bächlein rauscht zu Tal,
Es grünt die Saat, es blinkt der See
Im Frühlingssonnenstrahl.

Die Lerchen singen überall,
Die Amsel schlägt im Wald!
Nun kommt die liebe Nachtigall
Und auch der Kuckuck bald.

Nun jauchzet alles weit und breit,
Da stimmen froh wir ein:
Der Frühling ist die schönste Zeit!
Was kann wohl schöner sein?

Droste-Hülshoff, Annette von: „Frühling ist die schönste Zeit", URL: www.aphorismen.de/gedicht/62470

Jahreszeit im Schuhkarton (3/5)

LIEBLINGSJAHRESZEIT WINTER

Im Wintergarten
Adolf Holst

Hinten im Garten, o lustige Pracht,
haben wir uns einen Schneemann gemacht;
hat eine Kappe bis über die Ohren,
und seine Nase ist knallrot gefroren;
hat keine Beine und hat keinen Arm,
aber er lacht, denn sein Schneepelz hält warm.

Weiss ist der Garten, wohin ich auch seh.
Winter, willkommen mit Eis und mit Schnee!
Vöglein, ihr kleinen, auch ihr sollt euch freuen,
Körner und Krumen woll'n wir euch streuen.
Schneit's auch noch toller um Hecken und Höhn,
heissa-juchhe, auch der Winter ist schön!

Holst, Adolf: „Im Wintergarten",
URL: https://www.mumag.de/gedichte/hol_adolf05.html

© Verlag an der Ruhr | Autorin: Janina Weiß | ISBN 978-3-8346-4340-7 | www.verlagruhr.de

LIEBLINGSJAHRESZEIT HERBST

Der Herbst steht auf der Leiter
Peter Hacks

Der Herbst steht auf der Leiter
Und malt die Blätter an,
Ein lustiger Waldarbeiter,
Ein froher Malersmann.

Er kleckst und pinselt fleißig
Auf jedes Blattgewächs.
Und kommt ein frecher Zeisig,
Schwupp, kriegt der auch 'nen Klecks.

Die Tanne spricht zum Herbste:
Das ist ja fürchterlich,
Die andern Bäume färbste,
Was färbste nicht mal mich?

Die Blätter flattern munter
Und finden sich so schön.
Sie werden immer bunter.
Am Ende fall'n sie runter.

Hacks, Peter: „Der Herbst steht auf der Leiter", in: Ders.: „Der Flohmarkt",
Eulenspiegel Kinderbuchverlag: Berlin, 1965

© Verlag an der Ruhr | Autorin: Janina Weiß | ISBN 978-3-8346-4340-7 | www.verlagruhr.de

Jahreszeit im Schuhkarton (4/5)

Zeichnet eine grobe Skizze eures Dioramas. Nehmt das Blatt dazu quer.

Abb.: Dorothee Wolters

Jahreszeit im Schuhkarton (5/5)

Material:

- Schuhkarton
- Bastelschere und -kleber
- Klebefilm
- bunte Pappe
- bunte Stifte und weißes Papier
- typische Gegenstände, z. B. gepresste Blumen, Kastanien, Kunstschnee, leere Sonnencreme

1. a) Messt den Boden und die Seitenwände eures Schuhkartons aus. Schneidet aus weißem Papier oder Bastelpappe Stücke zurecht, die ihr gestalten und später in den Karton kleben könnt.

b) Malt auf das Stück, das ihr später auf den Boden des Kartons klebt, den Hintergrund eures Dioramas.

c) Gestaltet auch die drei Seitenwände, z. B. mit einem Himmel.

d) Die vierte Seitenwand wird später die untere Seite des Dioramas. Malt darauf einen passenden Untergrund zu eurer Jahreszeit.

e) Überlegt, welche Gegenstände ihr außer dem oben genannten Bastelmaterial nutzen könnt, um euer Diorama zu gestalten. Bringt passende Gegenstände von zu Hause mit.

Tipp: Zum Herbst passen Figuren aus Kastanien, zum Winter weiße Papierschnipsel oder Daunenfedern für den Kistenboden. Kleine Watteballchen können als Schnee von der Decke hängen. Für den Frühling eignen sich gepresste Blumen. Bastelt für den Sommer aus leeren Sonnencremepackungen ein Boot oder ein Strandhaus.

f) Bastelt aus bunter Pappe Figuren und Objekte, z. B. Bäume oder Schneemänner. Schneidet die Figuren passend aus. Lasst dabei am unteren Ende der Figur ein rechteckiges Stück Pappe stehen. Dieses Stück könnt ihr später nach hinten falten und in euer Diorama kleben.

Tipp: Falls ihr die Figur ohne das extra Stück Pappe ausgeschnitten habt, könnt ihr sie auch vorsichtig mit zwei Streifen Klebefilm im Diorama befestigen.

alle Abb.: Dorothee Wolters

2. Fügt euer Diorama zusammen.

a) Klebt zuerst den Hintergrund auf den Boden des Schuhkartons. Beklebt anschließend die inneren Seitenwände. Wartet, bis der Kleber angetrocknet ist.

b) Ordnet die Figuren und Objekte in eurem Diorama an. Wenn ihr zufrieden seid, könnt ihr sie nach und nach festkleben.

3. Präsentiert euer Diorama in der Klasse: Lest zuerst das Gedicht zu eurer Jahreszeit vor. Erklärt anschließend, warum ihr euer Diorama so gestaltet habt und welche Bedeutung die verwendeten Materialien haben.

Schnipsel-Gedichte (1/6)

1. Lies den folgenden Text.

Magnetic Poetry™
Viele Menschen hängen mit Magneten Notizen, Bilder oder Einkaufszettel an ihre Kühlschränke. Kühlschrankmagnete können aber auch andere Zwecke erfüllen. So wie im Fall von Dave Kapell, einem amerikanischen Schriftsteller. Während einer Schreibblockade schrieb er zufällige Wörter auf kleine Zettel, die er immer wieder verschieben und in eine neue Reihenfolge bringen konnte. Da die Zettel aber oft runterfielen und verloren gingen, klebte er sie auf Magnetstreifen und heftete sie an seinen Kühlschrank. Die Wortschnipsel konnten nun leicht neu angeordnet werden. Nicht nur Dave Kapell hatte an dem magnetischen Wortspiel viel Spaß. Auch Bekannte, die ihn besuchen kamen, vertrieben sich die Zeit mit den Magneten und setzten sie zu Gedichten und Texten zusammen. Dave Kapell entwickelte daraus ein Spiel, das unter dem Namen Magnetic Poetry™ auch heute noch verkauft wird.

2. Diskutiert in der Klasse, warum Dave Kapell mit dieser Methode seine Schreibblockade überwinden konnte und warum der Kühlschrank der geeignete Ort für dieses Spiel ist.

3. Schneide die Schnipsel auf den Materialblättern A, B, C und D vorsichtig aus, lege sie vor dir auf den Tisch und sortiere sie nach Wortarten.

4. Gibt es ein Wort, zu dem du sofort eine Idee hattest? Setze dein Schnipselgedicht rund um dieses Wort zusammen.
   a) Überlege, was vor und was nach dem Wort stehen könnte. Bilde einen Satz oder Halbsatz.
   b) Lege so schrittweise die Schnipsel zu einem Gedicht aus zwei Strophen mit jeweils vier Versen zusammen und klebe sie auf das Materialblatt E.

Tipp 1: Deine Wörter müssen sich nicht reimen, sie sollten aber inhaltlich zueinander passen.

Tipp 2: Nutze die einzelnen Buchstaben |e| oder |n|, um die Wörter anzupassen.

5. Sprecht zu zweit darüber, was euch am Gedicht des oder der anderen gefällt, und macht, wenn nötig, Verbesserungsvorschläge. Die folgenden Fragen helfen euch dabei:
- Hat das Gedicht ein Thema?
- Sind die Verse und Strophen ungefähr gleich lang?
- Lässt sich das Gedicht flüssig lesen?
- Sind alle Wörter richtig geschrieben?

6. Klebe dein fertiges Gedicht auf ein extra Blatt Papier.

7. Stellt eure Gedichte in Form eines Gallery Walks im Klassenzimmer aus.

Schnipsel-Gedichte (2/6)

AB	ABEND	ABENTEUER	ABER	ALBERN
ALLE	ALS	ALT	AM	AN
ANFANG	ARM	ATEM	AUCH	AUF
AUFBRUCH	AUGE	AUS	AUSSER	BAD
BALD	BEI	BIST	BITTE	BLAU
BLEIBT	BLITZ	BLUME	BLUT	BÖSE
BRAUCH	BRAV	BRUDER	BRUMM	BUCH
BUMM	CLOWN	DA	DA	DANN
DAS	DAS	DAS	DEIN	DER
DER	DER	DICHT	DIE	DIE
DIE	DOCH	DONNER	DRAUSSEN	DREI
DRINNEN	DUFT	DUMM	DUNKEL	DURCH
DÜRFT	DURST	DÜSTER	ECHSEN	EHRE
EIN	EIN	EIN	EINS	EINSAM
EIS	EISIG	ENDE	ER	ER
ER	ERDE	ES	ES	ES
EWIG	FAD	FALL	FALLE	FAND
FEIN	FEIND	FERN	FIES	FIRLEFANZ
FLIESS	FLUCH	FRAG	FRATZE	FRAU
FREI	FREU	FREUDE	FREUND	FREUNDIN

Schnipsel-Gedichte (3/6)

FRÜHLING	FÜHL	FUNKELN	FÜR	FUSS
GARTEN	GEH	GEIST	GELB	GESICHT
GESPENST	GETIER	GEWITTER	GEWUSEL	GIER
GLANZ	GLATZE	GLÜCK	GOLD	GRAS
GROB	GROSS	GRUFT	GRÜN	GRUSEL
GUT	HA	HABE	HAGEL	HALT
HAND	HART	HAT	HAUS	HEISS
HELL	HER	HEXE	HIER	HIER
HIMMEL	HIN	HINTER	HITZE	HOCH
HOFFNUNG	HÖR	HORIZONT	HUND	ICH
IM	IM	IN	IN	IST
IST	JA	KALT	KÄLTE	KANN
KATER	KATZE	KLAR	KLEIN	KLUG
KOMM	KÖNN	KOPF	KRACH	KRALLE
KRUMM	LACH	LÄCHELN	LEER	LEICHT
LICHT	LIEB	LIEBE	LIED	LIEG
LUFT	LUSTIG	MACH	MACHT	MÄCHTIG
MADEN	MANN	MATSCH	MEER	MEHR
MEIN	MIES	MIT	MIT	MITTE
MÖCHT	MORGEN	MOTZ	MUND	MUSS

Schnipsel-Gedichte (4/6)

MUTTER	NACH	NACHT	NAGEL	NAH
NASE	NASS	NEBEN	NEIN	NEU
NICHT	NIE	NIMM	NUR	OBEN
ODER	OFT	PFLANZE	PLATSCH	PUNSCH
QUATSCH	RAND	RAUM	REICH	REISE
ROSA	ROSE	ROT	RUND	SACH
SAG	SAH	SALAT	SALZ	SAND
SANFT	SARG	SCHAU	SCHIFF	SCHIMMEL
SCHLAF	SCHLAG	SCHLECHT	SCHMERZ	SCHNEE
SCHNELL	SCHÖN	SCHUF	SCHULD	SCHWACH
SCHWARZ	SCHWER	SCHWESTER	SCHWITZEN	SCHWÜL
SEH	SEHR	SEIN	SELTSAM	SIE
SIE	SIE	SIEH	SILBER	SIND
SIND	SING	SO	SOLL	SOMMER
SONNE	SORGEN	SPASS	SPÄT	SPRUCH
STAND	STÄRKE	STEIN	STURM	SUMM
TA-DA	TANZ	TATZE	TIEF	TIER
TONNE	TOPF	TRAUM	TROCKEN	TROTZ
TÜRKIS	ÜBER	UM	UND	UND
UNTEN	UNTER	VAMPIR	VATER	VERLOREN

Schnipsel-Gedichte (5/6)

VERLUST	VERWIRR	VOGEL	VOLL	VOM
VON	VOR	WAR	WARM	WARTE
WASSER	WEG	WEICH	WEISS	WEIT
WENN	WERDEN	WIESE	WILD	WIND
WINTER	WIR	WIRD	WIRKUNG	WOLKE
WONNE	WUNDER	WUNDERBAR	WUNSCH	WURM
ZAUBER	ZEIGT	ZISCHEN	ZOPF	ZU
ZU	ZUCKER	ZWEI	ZWISCHEN	B
B	B	E	E	E
END	END	END	G	G
GE	GE	HEIT	HEIT	IG
IG	IG	KEIT	KEIT	LICH
LICH	N	N	N	N
T	T	T	UNG	UNG
UNG	VER	VER		

© Verlag an der Ruhr | Autorin: Janina Weiß | ISBN 978-3-8346-4340-7 | www.verlagruhr.de

Schnipsel-Gedichte (6/6)

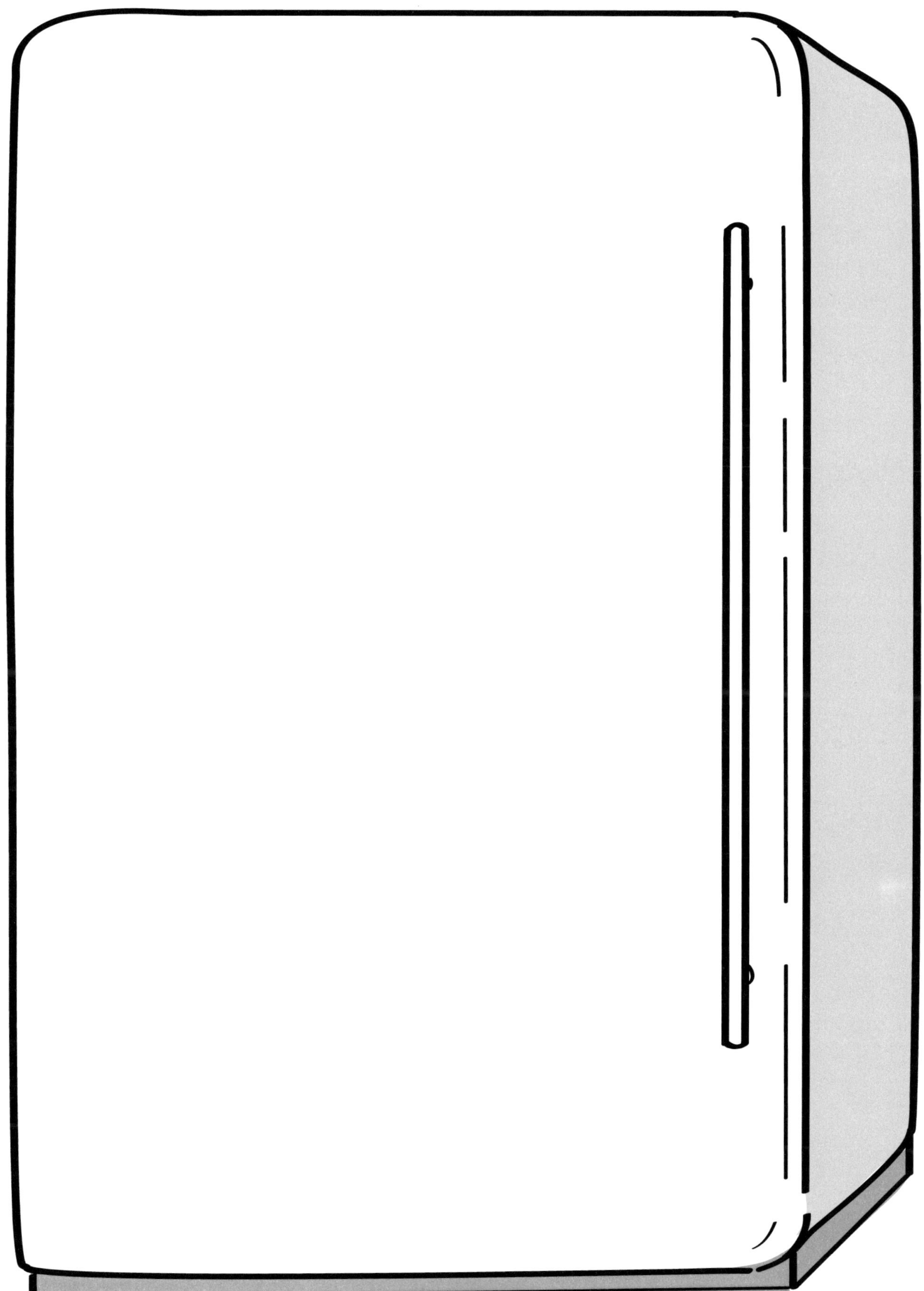

Abb.: Dorothee Wolters

© Verlag an der Ruhr | Autorin: Janina Weiß | ISBN 978-3-8346-4340-7 | www.verlagruhr.de

Lyrik-Casino (1/3)

Arbeitet zu zweit: Lest gemeinsam die Spielanleitung und spielt anschließend das Spiel. Ihr braucht einen Würfel dazu.

Das poetische Würfelspiel ist ein Spiel, bei dem das beste Gedicht gewinnt! Gespielt wird in 2er-Teams. Euer Gedicht braucht zwei Strophen mit jeweils vier Versen. Bevor das Spiel beginnt, müsst ihr euch für ein Reimschema entscheiden, in dem ihr euer Gedicht später verfassen wollt. Wählt ein Reimschema aus, indem ihr es ankreuzt.

☐ **Kreuzreim:** a – b – a – b ☐ **Paarreim:** a – a – b – b ☐ **Umarmender Reim:** a – b – b – a

Der Spielablauf:

Runde 1: Ihr habt vier Loskarten. Einigt euch als Erstes auf ein Thema (z. B. Tiere). Sucht anschließend Reimwörter, die dazu passen (z. B. Tatzen und kratzen). Notiert auf jeder Loskarte sechs Wörter, die sich reimen.
Nutzt in den folgenden Runden die Loskarten 1 und 2, um die erste Strophe (Reime a + b) zu schreiben, und die Loskarten 3 und 4, um die zweite Strophe (Reime c + d) zu verfassen (Materialblatt A).

Runde 2: Schnappt euch eure Glückswürfel – jetzt geht's ums Ganze! Abwechselnd erwürfelt ihr die Reime eures Gedichts. Würfelt pro Loskarte 2-mal. Bestimmt anhand der Augenzahl des Würfels das Reimwort. Markiert die Wörter, die ihr erwürfelt habt. Wenn auf jedem Los zwei Wörter markiert wurden, beginnt die finale Runde.

Runde 3: Ihr kennt euer Reimschema und eure Reimwörter – jetzt dürft ihr kreativ werden! Schreibt aus den Reimwörtern euer persönliches Würfelgedicht (Materialblatt B). Verteilt die Wörter so auf die Strophen, dass es das Reimschema, für das ihr euch entschieden habt, beinhaltet. Euer Würfelgedicht muss Sinn ergeben, aber es darf albern und komisch sein. Eurer Fantasie sind keine Grenzen gesetzt!

Lest euch zum Schluss gegenseitig eure Gedichte in der Klasse vor. Entscheidet gemeinsam, wer von euch das meiste Würfelglück hatte und das beste Gedicht verfasst hat. Würdigt den Sieger oder die Siegerin mit einem schallenden Applaus!

Viel Glück!

© Verlag an der Ruhr | Autorin: Janina Weiß | ISBN 978-3-8346-4340-7 | www.verlagruhr.de

Lyrik-Casino (2/3)

Meine Loskarten

Thema: ....

1. Reimwörter a

1. ....
2. ....
3. ....
4. ....
5. ....
6. ....

2. Reimwörter b

1. ....
2. ....
3. ....
4. ....
5. ....
6. ....

3. Reimwörter c

1. ....
2. ....
3. ....
4. ....
5. ....
6. ....

4. Reimwörter d

1. ....
2. ....
3. ....
4. ....
5. ....
6. ....

Lyrik-Casino (3/3)

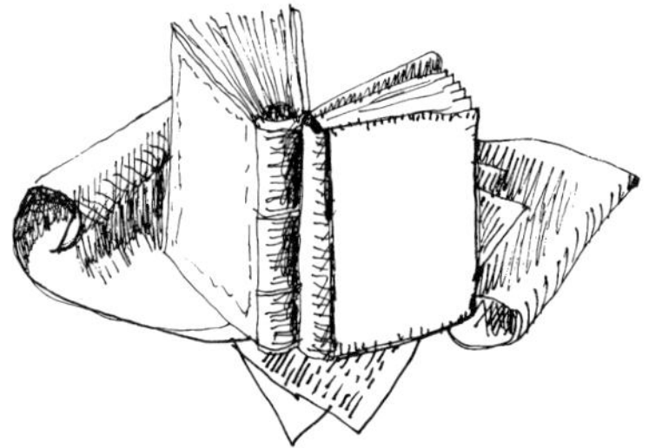

Literatursymbole
© alex74/Shutterstock.com

Mein Würfelgedicht:

Glücksspielsymbole
© ctrlaplus/Shutterstock.com

Lust auf eine Bonus-Runde?

Hast du Lust, noch eine dritte Strophe zu verfassen? Dann würfle noch einmal. Vermeide doppelte Reimwörter und berücksichtige weiterhin dein Reimschema.

© Verlag an der Ruhr | Autorin: Janina Weiß | ISBN 978-3-8346-4340-7 | www.verlagruhr.de

Ein zauberhafter Comic (1/3)

Der Zauberlehrling
Johann Wolfgang von Goethe

Hat der alte Hexenmeister
Sich doch einmal wegbegeben!
Und nun sollen seine Geister
Auch nach meinem Willen leben.
Seine Wort' und Werke
Merkt ich und den Brauch,
Und mit Geistesstärke
Tu ich Wunder auch.

Walle! walle
Manche Strecke,
Dass, zum Zwecke,
Wasser fließe
Und mit reichem, vollem Schwalle
Zu dem Bade sich ergieße.

Und nun komm, du alter Besen!
Nimm die schlechten Lumpenhüllen;
Bist schon lange Knecht gewesen:
Nun erfülle meinen Willen!
Auf zwei Beinen stehe,
Oben sei ein Kopf,
Eile nun und gehe
Mit dem Wassertopf!

Walle! walle
Manche Strecke,
Dass, zum Zwecke,
Wasser fließe
Und mit reichem, vollem Schwalle
Zu dem Bade sich ergieße.

Seht, er läuft zum Ufer nieder,
Wahrlich! ist schon an dem Flusse,
Und mit Blitzesschnelle wieder
Ist er hier mit raschem Gusse.
Schon zum zweiten Male!
Wie das Becken schwillt!
Wie sich jede Schale
Voll mit Wasser füllt!

Stehe! stehe!
Denn wir haben
Deiner Gaben
Vollgemessen! –
Ach, ich merk es! Wehe! wehe!
Hab ich doch das Wort vergessen!

Ach, das Wort, worauf am Ende
Er das wird, was er gewesen.
Ach, er läuft und bringt behende!
Wärst du doch der alte Besen!
Immer neue Güsse
Bringt er schnell herein,
Ach! und hundert Flüsse
Stürzen auf mich ein.

Nein, nicht länger
Kann ich's lassen;
Will ihn fassen.
Das ist Tücke!
Ach! nun wird mir immer bänger!
Welche Miene! welche Blicke!

O, du Ausgeburt der Hölle!
Soll das ganze Haus ersaufen?
Seh ich über jede Schwelle
Doch schon Wasserströme laufen.
Ein verruchter Besen,
Der nicht hören will!
Stock, der du gewesen,
Steh doch wieder still!

Willst am Ende
Gar nicht lassen?
Will dich fassen,
Will dich halten
Und das alte Holz behende
Mit dem scharfen Beile spalten!

© Verlag an der Ruhr | Autorin: Janina Weiß | ISBN 978-3-8346-4340-7 | www.verlagruhr.de

Ein zauberhafter Comic (2/3)

Seht, da kommt er schleppend wieder!
Wie ich mich nur auf dich werfe,
Gleich, o Kobold, liegst du nieder;
Krachend trifft die glatte Schärfe.
Wahrlich! brav getroffen!
Seht, er ist entzwei!
Und nun kann ich hoffen,
Und ich atme frei!

Wehe! wehe!
Beide Teile
Stehn in Eile
Schon als Knechte
Völlig fertig in die Höhe!
Helft mir, ach! ihr hohen Mächte!

Und sie laufen! Nass und nässer
Wirds im Saal und auf den Stufen.
Welch entsetzliches Gewässer!
Herr und Meister! hör mich rufen! –
Ach, da kommt der Meister!
Herr, die Not ist groß!
Die ich rief, die Geister
Werd ich nun nicht los.

„In die Ecke,
Besen! Besen!
Seids gewesen!
Denn als Geister
Ruft euch nur, zu diesem Zwecke,
Erst hervor der alte Meister."

Goethe, Johann Wolfgang von: „Der Zauberlehrling", in: Ders.: „Werke Bd. 1: Gedichte". Insel Verlag: Frankfurt a. M., 5. Auflage 1981. S. 209–213

1. **Lies die Ballade *Der Zauberlehrling* von Johann Wolfgang von Goethe auf den Materialblättern A und B.**
2. **Fasst zu zweit jede der sieben Strophen stichpunktartig zusammen. Notiert jeweils, welche Figuren vorkommen und was sie tun bzw. sagen.**

Tipp: Die Strophen bestehen jeweils aus zwei Versblöcken.

3. **Geht eure Stichpunkte durch. Überlegt zu jeder Strophe, wie man den Inhalt in ein bis zwei Bildern darstellen könnte. Die folgenden Fragen helfen euch dabei:**
   - Welche Figuren sind zu sehen?
   - Wo befinden sie sich?
   - Was sagen/denken sie?
   - Was machen sie?
   - Welche Gegenstände spielen dabei eine Rolle?
4. **Skizziert mithilfe eurer Notizen Bilder für einen Comic zur Ballade.**
   a) **Zeichnet auf dem Materialblatt C zunächst mit Bleistift vor und gestaltet euren Comic anschließend farbig.**
   b) **Schreibt Hintergrundinformationen zur Handlung in die Kästen am oberen Rand, Gedanken in Gedankenblasen und wörtliche Rede in Sprechblasen. Ihr könnt den Originaltext der Ballade übernehmen oder leicht verändern.**
5. **Stellt eure Comics in der Klasse aus und reflektiert eure Ergebnisse.**

Ein zauberhafter Comic (3/3)

Die Sache mit den Klößen (1/3)

Die Sache mit den Klößen
Erich Kästner

Der Peter war ein Renommist.
Ihr wißt vielleicht nicht, was das ist.
Ein Renommist, das ist ein Mann,
der viel verspricht und wenig kann.

Wer fragte: „Wie weit springst du, Peter?"
bekam zur Antwort: „Sieben Meter."
In Wirklichkeit – Kurt hat's gesehn –
sprang Peter bloß drei Meter zehn.

So war es immer: Peter log,
daß sich der stärkste Balken bog.
Und was das Schlimmste daran war:
Er glaubte seine Lügen gar!

Als man einmal vom Essen sprach,
da dachte Peter lange nach.
Dann sagte er mit stiller Größe:
„Ich esse manchmal dreißig Klöße."

Die anderen Kinder lachten sehr,
doch Peter sprach: „Wenn nicht noch mehr!"
„Nun gut," rief Kurt, „wir wollen wetten!"
(Wenn sie das bloß gelassen hätten.)

Der Preis bestand, besprachen sie,
in einer Taschenbatterie.
Die Köchin von Kurts Eltern kochte
die Klöße, wenn sie's auch nicht mochte.

Kurts Eltern waren ausgegangen.
So wurde endlich angefangen,
Vom ersten bis zum fünften Kloß,
da war noch nichts Besondres los.

Die anderen Kinder saßen stumm
um Peter und die Klöße rum.
Beim siebenten und achten Stück
bemerkte Kurt: „Er wird schon dick."

Beim zehnten Kloß ward Peter weiß
und dachte: Kurt erhält den Preis.
Ihm war ganz schlecht, doch tat er heiter
und aß, als ob's ihm schmeckte, weiter.

Er schob die Klöße in den Mund
und wurde langsam kugelrund.
Der Anzug wurde langsam knapp.
Die Knöpfe sprangen alle ab.

Die Augen quollen aus dem Kopf.
Doch griff er tapfer in den Topf.
Nach fünfzehn Klößen endlich sank
er stöhnend von der Küchenbank.

Die Köchin Hildegard erschrak,
als er so still am Boden lag.
Dann fing er gräßlich an zu husten,
daß sie den Doktor holen mußten.

„Um Gottes willen", rief er aus,
„der Junge muß ins Krankenhaus."
Vier Klöße steckten noch im Schlund.
Das war natürlich ungesund.

Mit Schmerzen und für teueres Geld
ward Peter wiederhergestellt.
Das Renommieren hat zu Zeiten
auch seine großen Schattenseiten.

Kästner, Erich: „Die Sache mit den Klößen", in: Ders.: „Das verhexte Telefon", Dressler Verlag: Hamburg, 2014

Die Sache mit den Klößen (2/3)

1. **Lies das Gedicht *Die Sache mit den Klößen* von Erich Kästner.**
2. **Sprecht in der Klasse darüber, was in dem Gedicht passiert und wie es dazu kommt.**
3. **Erarbeitet in Gruppen von vier bis fünf Personen, ausgehend von der Ballade, eine oder mehrere Szenen.**
   a) **Verteilt dazu die folgenden Rollen. Notiert auf dem Materialblatt B, wer welche Rolle übernimmt.**

Tipp: Ihr könnt Rollen auch doppelt besetzen, sodass eine Person zwei Rollen übernimmt.

Peter
Kurt
Doktor
Köchin Hildegard
lyrisches Ich
1 bis 2 andere Kinder

   b) **Schreibt für jede Rolle kurze Handlungs- und Regieanweisungen auf ein extra Blatt. Die folgenden Leitfragen helfen euch dabei:**
   - Was tut die Person?
   - Wo befindet sich die Person?
   - Wie fühlt sich die Person?

Tipp: Haltet euch an den Handlungsverlauf des Gedichts.

4. **Formuliert mithilfe eurer Ergebnisse aus Aufgabe 3b) ein kurzes Drehbuch auf dem Materialblatt B.**
   a) **Notiert, welche Person was sagt. Nehmt dabei auch Regieanweisungen auf.**
   Beispiel: Peter (spricht stolz): ...

Tipp: Ihr könnt den Text der Ballade verwenden oder ihn leicht anpassen und verändern.

   b) **Notiert, welche Requisiten ihr benötigt und wo sie eingesetzt werden.**
5. **Übt euren Text und die Regieanweisungen aus dem Drehbuch mehrmals.**
6. **Präsentiert eure Szene vor der Klasse. Gebt euch nach jeder Präsentation gegenseitig Feedback.**

© Verlag an der Ruhr | Autorin: Janina Weiß | ISBN 978-3-8346-4340-7 | www.verlagruhr.de

Die Sache mit den Klößen (3/3)

Rollenübersicht

Peter		lyrisches Ich	
Kurt		Köchin	
andere Kinder		Doktor	

Drehbuch

Rolle + Regieanweisung	Text	Requisite

Projekte für Klasse 7/8

Projektübersicht und Lehrerhinweise

Projekt: Das Regenhörspiel (S. 41–45)	
Darum geht's	Die Schüler*innen produzieren, ausgehend von einer Ballade, ein Hörspiel.
Behandeltes Gedicht	Ina Seidel: *Regenballade*
Kompetenzziele	• produktive Methoden anwenden und einen Text szenisch gestalten • dadurch wesentliche Elemente eines Textes erfassen und das Textverständnis vertiefen • eigene Deutungen des Textes entwickeln, am Text belegen und sich mit anderen darüber verständigen • wesentliche Fachbegriffe zur Erschließung anwenden, z. B. lyrisches Ich, Figur, Rolle, Erzähler, Dialog • Texte sinngebend und gestaltend vortragen • Medien zur Präsentation und ästhetischen Produktion nutzen

Hinweise zu Stundeninhalt und Methode

Mit etwas Einfallsreichtum kann fast jeder Text in ein Hörspiel umgeschrieben werden. Balladen eignen sich wegen ihres erzählerischen Inhalts besonders zur narrativen Vertonung.

Angeleitet durch das Projektmaterial, erschließen die Schüler*innen den Inhalt der Ballade, stellen Überlegungen zu passenden Hintergrundgeräuschen an und verfassen ein Skript für die Aufnahme. Die Aufnahme kann mit einem Headset oder Smartphone durchgeführt werden. Dabei ist zu beachten, dass für alle Aufnahmen dasselbe Gerät verwendet werden sollte.

Für Schnitt und Nachbearbeitung der Aufnahmen eignet sich das kostenlose Programm *Audacity*. Mit dieser Software können Tonaufnahmen geschnitten, abgemischt und mit Effekten bearbeitet werden. Da das Programm bekannt und beliebt ist, finden sich im Internet zahlreiche Tutorials und Anleitungen, die Sie allein oder gemeinsam mit den Schüler*innen anschauen können, um sich mit Funktionen vertraut zu machen. Neben der offiziellen Anleitung des Softwareanbieters (www.audacity.de/erste-Schritte/) sind unter anderem folgende Anleitungen hilfreich: „Audacity Tutorial" von Andreas Kalt – Erklärvideos, „Hörspielaufnahme mit Audacity vom Stadtmedienzentrum Karlsruhe (beide sind auf www.youtube.com zu finden) und die Kurzanleitung zum schnellen Nachlesen der Funktion, die von der Pädagogischen Hochschule Luzern erstellt worden ist (www.digitalpro.ch/images/Materialien_und_Anleitungen/Audio/audacity_kurzanleitung_2020.pdf).

Beim Schneiden ist es sinnvoll, zunächst die einzelnen Tonaufnahmen der Sprecher*innen zu Dialogen zusammenzuführen. Bei diesem Schritt werden auch Unterschiede in der Lautstärke ausgeglichen. Sensibilisieren Sie Ihre Schüler*innen dafür, zwischen den Sprechbeiträgen eines Dialogs nicht zu lange Pausen zu lassen, um eine natürliche Wirkung zu erzielen. Die Gruppen können sich beim Schneiden an die Reihenfolge der Szenen aus ihrem Skript halten und szenenweise vorgehen.

Wenn die Dialoge zusammengeschnitten sind, werden die Szenen mit Geräuschen versehen. Auf www.hoerspielbox.de können sie kostenlos downgeloadet werden. Anschließend können die Sprechbeiträge durch Effekte, wie z. B. Hall, ergänzt werden. Am Ende werden die Szenen zusammengefügt. Auch hier können Unterschiede in der Lautstärke zwischen den einzelnen Szenen ausgeglichen werden. Damit ist das Hörspiel fertig bearbeitet.

Versierte Schüler*innen können bei der Bearbeitung auch eine andere Reihenfolge wählen und beispielsweise bereits während des Zusammenschneidens der Dialoge passende Geräusche einfügen. Mit dem Hilfsprogramm *Lame* lässt sich das fertige Hörspiel als MP3-Datei speichern und kann in der Klasse präsentiert werden.

Die Lerngruppe sollte zunächst gemeinsam an die Technik herangeführt werden. In einer vorbereitenden Stunde können Probeaufnahmen gemacht und anschließend zusammengeschnitten und bearbeitet werden. Während eines solchen Testlaufs können alle Fragen geklärt werden, damit die eigentliche Hörspielproduktion anschließend reibungslos abläuft.

Abschließend sei auf den „Leitfaden für die Hörspielproduktion" von Marco Schmidt verwiesen, der für Lehrkräfte sehr hilfreich ist: www.hoerspielprojekt.de/Leitfaden_fuer_hoerspielprojekte.pdf

Projekt: Der Handschuh (S. 46–48)	
Darum geht's	Die Schüler*innen geben Inhalt und Handlung einer Ballade in einem Stop-Motion-Film wieder.
Behandeltes Gedicht	Friedrich Schiller: *Der Handschuh*
Kompetenzziele	• produktive Methoden anwenden und einen Text szenisch gestalten • dadurch wesentliche Elemente eines Textes erfassen und das Textverständnis vertiefen • wesentliche Fachbegriffe zur Erschließung anwenden, z. B. lyrisches Ich, Figur, Rolle, Erzähler, Dialog • Texte sinngebend und gestaltend vortragen • Medien zur Präsentation und ästhetischen Produktion nutzen

Hinweise zu Stundeninhalt und Methode

Stop-Motion-Filme sind eine einfache Methode, Texte szenisch umzusetzen. Zur Aufnahme gibt es einige hilfreiche Apps, die den Schüler*innen das Erstellen solcher Videos auf einfache Weise ermöglichen. Am beliebtesten ist *Stop Motion Studio*, eine kostenlose App, die sowohl auf Android- als auch auf iOS-Geräten funktioniert. Die Bedienung ist intuitiv und simpel, dennoch lohnt es sich auch hier, gemeinsam Tutorials zur Vorbereitung anzusehen und die wichtigsten Funktionen der Anwendung vorab zu besprechen.

Ein besonders kinderfreundliches Tutorial gibt es auf dem YouTube-Kanal von erlebeIT: „App-Tutorial: Stop Motion Studio [deutsch]".

Statt mit der App, können die Stop-Motion-Videos auch mithilfe des *Windows Movie Maker* am Computer erstellt werden. Auch hierfür gibt es ein hilfreiches Tutorial von Weborinos-AlterChannel: „Stop Motion mit Windows Movie Maker". Die Schüler*innen benötigen in diesem Fall zusätzlich eine Kamera, um passende Fotos aufzunehmen. Auch hierfür kann selbstverständlich ein Smartphone genutzt werden. Sensibilisieren Sie die Jugendlichen dafür, die Fotos immer aus demselben Winkel aufzunehmen und nach Möglichkeit ein Stativ zu verwenden.

Projekt: Gedichte in Jugendsprache (S. 49–52)	
Darum geht's	Die Schüler*innen erkennen, ausgehend von unterschiedlichen Textfassungen einer Ballade, verschiedene Sprachvarianten und reflektieren ihre Wirkung. Anschließend verfassen sie eigene Varianten einer zweiten Ballade.
Behandeltes Gedicht	Johann Wolfgang von Goethe: *Der Erlkönig* Friedrich Schiller: *Der Taucher*
Kompetenzziele	• einen differenzierten Wortschatz gebrauchen • sprachliche Register erkennen und unterscheiden • Gedichte als Texte mit ästhetischer Funktion erfassen • strukturiert und stilistisch stimmig schreiben • über einen umfangreichen Wortschatz verfügen • kreativ schreiben

Hinweise zu Stundeninhalt und Methode

Gedichte haben eine besondere Sprache, die für Schüler*innen oft nicht einfach zu verstehen ist. Durch das Übertragen in andere sprachliche Register erfahren sie, dass lyrische Sprache stets mit einer besonderen Wirkung einhergeht. Beim Schreiben ihrer Textversionen reflektieren sie außerdem die Grenzen zwischen den Sprachregistern. Die Stunde eignet sich optimal für eine Überleitung vom Thema Gedichte zum Thema Sprachreflexion.

Abhängig von der Lerngruppe kann das Gedicht auch, statt es arbeitsteilig erarbeiten zu lassen, von jeder Gruppe komplett umgeschrieben werden. Eine hilfreiche Übung zur Vorbereitung wäre es, jugendsprachliche Begriffe zusammenzutragen und an der Tafel zu sammeln.

Projekt: Steig in den Ring (S. 53–54)	
Darum geht's	Die Schüler*innen setzen sich mit der Thematik eines exemplarischen Slam-Texts auseinander und verfassen, ausgehend von ihren Arbeitsergebnissen, einen eigenen Slam, den sie gestaltend vortragen.
Behandeltes Gedicht	Julia Engelmann: *Höhenangst*
Kompetenzziele	• produktive Methoden anwenden • dadurch wesentliche Elemente eines Textes erfassen und das Textverständnis vertiefen • kreativ schreiben • Texte verständlich, sprachlich variabel und stilistisch stimmig gestalten • sprachliche Mittel gezielt einsetzen • Texte sinngebend und gestaltend vortragen

Hinweise zu Stundeninhalt und Methode

Slam-Texte sind, ähnlich wie Balladen, eine Mischform verschiedener Textsorten. Sie sind nicht selten aufgebaut wie Gedichte und bedienen sich einer poetischen Sprache. Da sie oft von eigenen Erfahrungen, Gefühlen oder Erlebnissen berichten, enthalten sie Merkmale epischer Texte. Ebenso erfüllen sie Kriterien dramatischer Texte, da sie auf einer Bühne vor Publikum vorgetragen werden. Slams lassen ihren Verfasser*innen dabei allerdings mehr Freiheiten und verpflichten nicht zur Einhaltung eines Reimschematas oder Metrums. Dementsprechend stellt das Verfassen eigener Slam-Texte keine große Hürde für Schüler*innen dar.

Als Beispiel für die Auseinandersetzung mit dieser Textsorte dient ein Text von Julia Engelmann. Sie ist den Schüler*innen möglicherweise bereits bekannt. Sie thematisiert in ihrem Text *Höhenangst* Sorgen, die nahe an der Lebenswelt von Heranwachsenden sind. Nach einer Auseinandersetzung mit Sprache und Thematik des Textbeispiels können die Schüler*innen leicht eigene Slam-Texte verfassen.

Die Ergebnisse sollten in einem klasseninternen Poetry-Slam präsentiert werden. Dazu kann der Klassenraum so bestuhlt werden, dass es einen klar erkennbaren Bühnenbereich gibt. Wichtig ist, dass der Vortrag vor der Klasse nicht erzwungen wird. Da Slam-Texte mitunter sehr persönlich sein können, sollte akzeptiert werden, wenn einzelne Schüler*innen ihre Texte nicht vor allen vortragen möchten.

Da Poetry-Slams mittlerweile oft gefilmt und auf Videoplattformen im Internet veröffentlicht werden, könnten Sie Ihre Schüler*innen in aufgeschlossenen Klassen ebenfalls filmen. Holen Sie vorher unbedingt das Einverständnis der Jugendlichen und deren Erziehungsberechtigter ein. Die Videoaufnahmen können anschließend für eine vertiefende Reflexion der Auftritte herangezogen werden.

Bevor die Schüler*innen ihre Slam-Texte vortragen, bietet sich eine kleine Aufwärmübung an, die sich sowohl positiv auf die Konzentration als auch auf die Aussprache auswirkt. Die Übung kann mit der ganzen Lerngruppe simultan durchgeführt werden. Die Jugendlichen bleiben dazu an ihren Plätzen stehen und führen gemeinsam die folgenden Übungen durch:

1. Mit geschlossenem Mund „Kaugummi kauen". Die Bewegung steigern. Gleichzeitig summen. Beim Summen höhere und tiefere Töne anschlagen.
2. Mit der Zunge am Gaumen hinter den Zähnen trillern. Beim Trillern höhere und tiefere Töne anschlagen.
3. Mit der Zunge einmal den gesamten Mundraum abtasten. An den Zähnen, dem Gaumen und den Wangen entlangfahren.
4. Mehrmals stimmhaft mit offenem Mund gähnen.
5. Nacheinander die Laute *p, t, k,* | *b, d, g* | *s, ch, sch* artikulieren. Erst jeden Buchstaben einmal, dann 2-mal, dann 3-mal. In jeder Runde langsam schneller werden.

Projekt: Figurengedichte (S. 55–56)	
Darum geht's	Die Schüler*innen begreifen Sprache als visuelles Ausdruckmittel und setzen sich intensiv mit dem Inhalt und der Wirkung von Texten auseinander, indem sie diese optisch abbilden.
Behandelte Gedichte	Christian Morgenstern: *Die Trichter* Babette Werth: *Behaust* Ernst Jandl: *ebbe/flut*
Kompetenzziele	• Gedichte als Texte mit ästhetischer Funktion erfassen • produktive Methoden anwenden • Texte sprachlich und visuell gestalten • kreativ schreiben

Hinweise zu Stundeninhalt und Methode

Figurengedichte sind inhaltlich und sprachlich meist simpel. Sie rücken eine andere Eigenschaft geschriebener Sprache in den Fokus: das Schriftbild. Sprache wird hier nicht nur als kommunikatives, sondern als visuelles Mittel eingesetzt.

Die Schüler*innen erstellen, ausgehend von drei einfachen Beispielen, eigene Figurengedichte. Die Produktion der eigenen Texte wird dabei bewusst nicht weiter gelenkt. In der siebten und achten Klasse ist davon auszugehen, dass die Jugendlichen ausreichend Textkompetenz besitzen, um schnell vergleichbare Texte zu produzieren. Die Arbeitsergebnisse, in denen Inhalt und Form zueinander passen sollten, können als Ausgangspunkt für eine Reflexion über die Wahrnehmung von Sprache in gesprochener und geschriebener Form dienen.

Das Regenhörspiel (1/5)

Regenballade
Ina Seidel

Ich kam von meinem Wege ab,
weil es so nebeldunstig war.
Der Wald war feuchtkalt wie ein Grab,
und Finger griffen in mein Haar.
Ein Vogel rief so hoch und hohl
Wie wenn ein Kind im Schlummer klagt –
und ich stand still – ich wusste wohl,
was man von diesem Walde sagt!

Dann setzt' ich wieder Bein vor Bein
und komme so gemach vom Fleck,
und quatsch'[1] im letzten Abendschein
schwer vorwärts durch Morast und Dreck.
Es nebelte, es nieselte,
es roch nach Schlamm, verfault und nass,
es raschelte, es rieselte
und kroch und sprang im hohen Gras.

Auf einmal, eh ich's mich versehn,
bin ich am Strom, im Wasser schier[2].
Am Rand bleib ich erschrocken stehn,
fast netzt[3] die Flut die Sohle mir.
Das Röhricht[4] zieht sich bis zum Tann[5]
und wiegt und wogt so weit man blickt,
und flüstert böse ab und an,
wenn es im feuchten Windhauch nickt.

Da saß ein Kerl! Weiß Gott, mein Herz
stand still, als ich ihn sitzen sah!
Ich sah ihn nur von hinterwärts,
und er saß klein und ruhig da,
saß in der Nebeldämmerung,
die Angelrute ausgestreckt,
als ob ein toter Weidenstrunk
den dürren Ast gespenstig reckt.

Abb.: Dorothee Wolters

„He, Alter!“ ruf ich, „beißt es gut?“
Und sieh, der Baumstamm dreht sich um
und wackelt mit dem runden Hut
und grinst mit spitzen Zähnen stumm.
Und spricht, doch nicht nach Landesart,
wie Entenschnattern, schnell und breit,
kommt's aus dem algengrünen Bart:
„Wenn's regnet, hab' ich gute Zeit“!

„So scheint es“, sag ich und ich schau
in seinen Bottich neben ihn.
Da wimmelt's blank und silbergrau
und müht sich mit zerfetztem Kiem'[6],
Aale, die Flossen zart wie Flaum,
glotzäugig Karpfen. Mittendrin,
ich traue meinen Augen kaum,
wälzt eine Natter sich darin!

1 **quatschen:** *hier:* durch Matsch gehen
2 **schier:** bald, beinah
3 **benetzen:** befeuchten
4 **das Röhricht:** Rohr, Schilf
5 **der Tann:** Gehölz, Wald
6 **die Kiemen:** Atemwege eines Fischs

Das Regenhörspiel (2/5)

„Ein selt'nes Fischlein, Alter, traun[7]!"
Da springt er froschbehend empor.
„Die Knorpel sind so gut zu kaun,"
schnattert listig er hervor.
„Gewiss seid ihr zur Nacht mein Gast!
Wo wollt ihr heute auch noch hin?
Nur zu, den Bottich angefasst!
Genug ist für uns beide drin!"

Und richtig watschelt er voraus,
patsch, patsch am Uferrand entlang.
Und wie im Traume heb ich auf
und schleppe hinterdrein den Fang.
Und krieche durch den Weidenhag[8],
der eng den Rasenhang umschmiegt,
wo, tief verborgen selbst am Tag
die schilfgebaute Hütte liegt.

Da drinnen ist nicht Stuhl, nicht Tisch,
der Alte sitzt am Boden platt,
es riecht nach Aas und totem Fisch,
mir wird vom bloßen Atmen satt.
Er aber greift frisch in den Topf
und frisst die Fische kalt und roh,
packt sie beim Schwanz, beißt ab den Kopf
und knirscht und schmatzt im Dunkeln froh.

„Ihr esst ja nicht! Das ist nicht recht!"
Die Schwimmhand klatscht mich fett aufs Knie.
„Ihr seid vom trockenen Geschlecht,
ich weiß, die Kerle essen nie!
Ihr seid bekümmert? Sprecht doch aus,
womit ich Euch erfreuen kann!"
„Ja", klappre ich: „Ich will nach Haus,
aus dem verfluchten Schnatermann."

Da hebt der Kerl ein Lachen an,
es klang nicht gut, mir wurde kalt.
„Was wisst denn Ihr vom Schnatermann?"
„Ja", sag ich stur, „so heißt der Wald."
„So heißt der Wald?" Nun geht es los,
er grinst mich grün und phosphorn[9] an:
„Du dürrer Narr, was weißt du bloß
vom Schnater-Schnater-Schnatermann?!"

Und schnater-schnater, klitsch und klatsch,
der Regen peitscht mir ins Gesicht.
Quatsch' durch den Sumpf, hoch spritzt der Matsch
ein Stiefel fehlt – ich acht es nicht.
Und schnater-schnater um mich her,
und Enten-, Unken-, Froschgetön.
Möwengelächter irr und leer
und tief ein hohles Windgestöhn ...

Des andern Tags saß ich allein,
nicht weit vom prasselnden Kamin
und ließ mein schwer gekränkt' Gebein
wohlig von heißem Grog[10] durchziehn.
Wie golden war der Trank, wie klar,
wie edel war sein starker Duft!
Ich blickte nach dem Wald – es war
noch sehr viel Regen in der Luft ...

Seidel, Ina: „Regenballade", in: „Gedichte. Festausgabe zum 70. Geburtstag der Dichterin", Deutsche Verlags-Anstalt: Stuttgart, 1955, S. 166 ff.

Abb.: Dorothee Wolters

7 **traun:** in der Tat
8 **der Hag:** Wäldchen, Gelände, meist durch Hecken gezäunt
9 **phosphorn:** *hier:* giftig
10 **der Grog:** heißer Tee mit Schnaps

Das Regenhörspiel (3/5)

1. Lies die *Regenballade* von Ina Seidel (Materialblatt A und B).
2. Fasse den Inhalt jeder Strophe stichpunktartig in deinem Heft zusammen.
3. Beantworte die folgenden Fragen schriftlich in deinem Heft. Schreibe in ganzen Sätzen.
   a) An welchen Orten spielt die Handlung der Ballade?
   b) Welche Figuren kommen zu Wort?
   c) Was machen die Figuren?
   d) Beschreibe die Stimmung der Ballade mit drei Adjektiven.

Abb.: Dorothee Wolters

4. Markiert zu zweit alle Geräusche, Töne und Lautmalereien im Text. Ordnet sie anschließend den Orten zu, die ihr in Aufgabe 3a) notiert habt.
5. Findet euch zu dritt oder viert zusammen und erstellt einen Hörspieldialog mit einem Erzähler oder einer Erzählerin zu der Ballade. Ihr dürft den Text dazu verändern.
   a) Schneidet die Rollenkarten auf dem Materialblatt C aus. Verteilt die Rollen und Aufgaben. Ihr braucht drei Sprechrollen: einen Erzähler oder eine Erzählerin, das lyrische Ich und den Angler. Außerdem benötigt ihr einen Technikexperten oder eine Technikexpertin und einen Geräuschemeister oder eine Geräuschemeisterin.
   b) Verfasst gemeinsam ein Skript. Notiert jeweils den Namen der Figur und anschließend den Text, der gesprochen wird. Gebt Regieanweisungen und Geräusche in Klammern mit kursiver Schrift an.
   Legt eine Tabelle am Computer an oder verwendet das Hörspielmanuskript.

Tipp: Zusätzlich zur wörtlichen Rede und dem Erzähltext könnt ihr auch Gedanken der Figuren oder andere Äußerungen in euer Skript aufnehmen und vertonen.

   c) Legt gemeinsam eine Liste mit Dingen an, die ihr für eure Aufnahme braucht, z. B. Requisiten für die Geräusche, Kopfhörer mit Mikrofon oder Smartphone.

6. Bereitet eure Aufnahme vor.
   a) Macht euch mit dem Aufnahmeprogramm vertraut, indem ihr einige Probeaufnahmen macht.
   b) Lest euer Skript mehrmals mit verteilten Rollen und übt euren Text ein, sodass ihr ihn sicher und fehlerfrei sprechen könnt. Probt dabei auch das Erzeugen bzw. Einspielen der Geräusche.
   c) Notiert, wenn nötig, letzte Änderungen in eurem Skript.
7. Nehmt euer Hörspiel auf und präsentiert es anschließend in der Klasse.

Das Regenhörspiel (4/5)

Sprechrolle I: Erzähler/Erzählerin

Du sprichst den Erzähler oder die Erzählerin in eurem Hörspiel. Dazu musst du deinen Text gut beherrschen. Übe ihn, indem du ihn mehrmals leise und dann laut liest. Stelle dich beim Lesen aufrecht hin, dadurch bekommt deine Stimme mehr Kraft. Probiere verschiedene Lesarten aus, versuche, den Text z. B. zu flüstern oder laut zu lesen und mit deiner Stimme verschiedene Gefühle zu erzeugen. Notiere die Lesart, die besonders gut zu deinem Text passt, mit einem Adjektiv als Regieanweisung in eurem Skript.

Sprechrolle II: lyrisches Ich

Du sprichst die Figur des lyrischen Ichs in eurem Hörspiel. Dazu musst du deinen Text gut beherrschen. Übe ihn, indem du ihn mehrmals leise und dann laut liest. Stelle dich beim Lesen aufrecht hin, dadurch bekommt deine Stimme mehr Kraft. Probiere verschiedene Lesarten aus, versuche, den Text z. B. zu flüstern oder laut zu lesen und mit deiner Stimme verschiedene Gefühle zu erzeugen. Notiere die Lesart, die besonders gut zu deinem Text passt, mit einem Adjektiv als Regieanweisung in eurem Skript.

Sprechrolle III: Angler

Du sprichst die Figur des Anglers in eurem Hörspiel. Dazu musst du deinen Text gut beherrschen. Übe ihn, indem du ihn mehrmals leise und dann laut liest. Stelle dich beim Lesen aufrecht hin, dadurch bekommt deine Stimme mehr Kraft. Probiere verschiedene Lesarten aus, versuche, den Text z. B. zu flüstern oder laut zu lesen und mit deiner Stimme verschiedene Gefühle zu erzeugen. Notiere die Lesart, die besonders gut zu deinem Text passt, mit einem Adjektiv als Regieanweisung in eurem Skript.

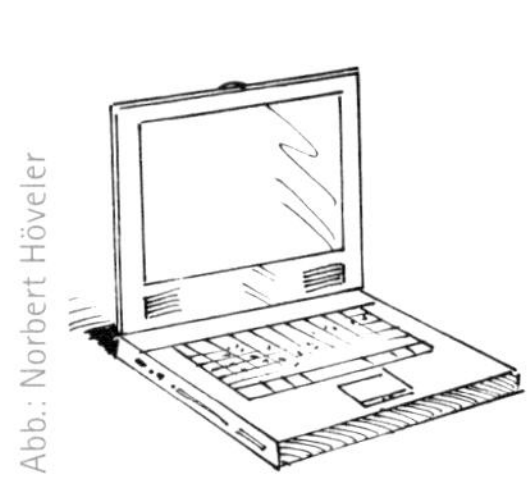

Abb.: Norbert Höveler

Techniker/Technikerin

Du bist am besten mit dem Aufnahmeprogramm vertraut und dafür zuständig, die nötigen Materialien mitzubringen. Du überwachst die Aufnahmen und bestimmst, wenn einzelne Abschnitte noch einmal neu aufgenommen und eingesprochen werden müssen. Am Ende schneidest du alle Aufnahmen, Geräusche und die Musik zusammen. Der Geräuschemeister oder die Geräuschemeisterin hilft dir dabei. Speichere das Hörspiel als MP3-Datei und teile es mit den anderen Gruppenmitgliedern.

Geräuschemeister/Geräuschemeisterin

Du überlegst dir, welche Geräusche das Hörspiel besonders lebendig machen. Du kannst die Geräusche selbst erzeugen, indem du sie mit deiner Stimme oder mit Hilfsmitteln nachahmst oder im Internet, z. B. auf www.hoerspielbox.de/ geeignete Töne herunterlädst. Nimm selbst erzeugte Töne mit dem Technikexperten oder der Technikexpertin auf oder speichere heruntergeladene Sounds ab. Notiere im Skript, an welcher Stelle die Geräusche jeweils eingesetzt werden sollen. Unterstütze den Technikexperten oder die Technikexpertin später beim Zusammenschneiden der Aufnahmen und Sounds.

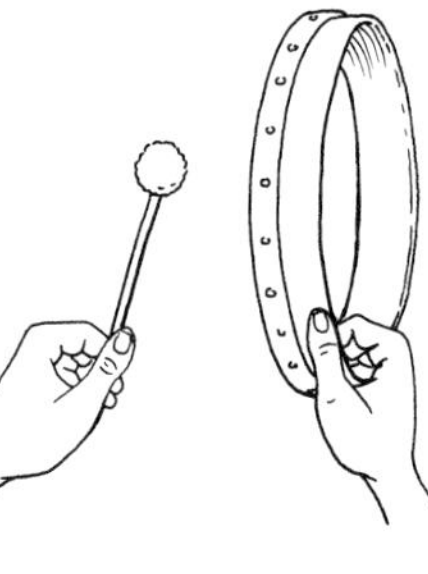

Abb.: Astrid Wilkesmann

© Verlag an der Ruhr | Autorin: Janina Weiß | ISBN 978-3-8346-4340-7 | www.verlagruhr.de

Das Regenhörspiel (5/5)

Rolle (z. B. Erzähler/ Erzählerin)	Text mit Regieanweisungen	Geräusche, Musik	Notizen (z. B. Material, Schnitte, Anmerkungen)

Der Handschuh (1/3)

Der Handschuh
Friedrich Schiller

Vor seinem Löwengarten,
Das Kampfspiel zu erwarten,
Saß König Franz,
Und um ihn die Großen der Krone,
Und rings auf hohem Balkone
Die Damen in schönem Kranz.

Und wie er winkt mit dem Finger,
Auf tut sich der weite Zwinger,
Und hinein mit bedächtigem Schritt
Ein Löwe tritt,
Und sieht sich stumm
Rings um,
Mit langem Gähnen,
Und schüttelt die Mähnen,
Und streckt die Glieder,
Und legt sich nieder.

Und der König winkt wieder,
Da öffnet sich behend
Ein zweites Tor,
Daraus rennt
Mit wildem Sprunge
Ein Tiger hervor,
Wie der den Löwen erschaut,
Brüllt er laut,
Schlägt mit dem Schweif
Einen furchtbaren Reif,
Und recket die Zunge,
Und im Kreise scheu
Umgeht er den Leu
Grimmig schnurrend;
Drauf streckt er sich murrend
Zur Seite nieder.

Und der König winkt wieder,
Da speit das doppelt geöffnete Haus
Zwei Leoparden auf einmal aus,
Die stürzen mit mutiger Kampfbegier
Auf das Tigertier,
Das packt sie mit seinen grimmigen Tatzen,
Und der Leu mit Gebrüll
Richtet sich auf, da wird's still,
Und herum im Kreis,
Von Mordsucht heiß,
Lagern die greulichen Katzen.

Da fällt von des Altans Rand
Ein Handschuh von schöner Hand
Zwischen den Tiger und den Leun
Mitten hinein.

Und zu Ritter Delorges spottenderweis
Wendet sich Fräulein Kunigund:
„Herr Ritter, ist Eure Lieb so heiß,
Wie Ihr mir's schwört zu jeder Stund,
Ei, so hebt mir den Handschuh auf."

Und der Ritter in schnellem Lauf
Steigt hinab in den furchtbarn Zwinger
Mit festem Schritte,
Und aus der Ungeheuer Mitte
Nimmt er den Handschuh mit keckem Finger.

Und mit Erstaunen und mit Grauen
Sehen's die Ritter und Edelfrauen,
Und gelassen bringt er den Handschuh zurück.
Da schallt ihm sein Lob aus jedem Munde,
Aber mit zärtlichem Liebesblick –
Er verheißt ihm sein nahes Glück –
Empfängt ihn Fräulein Kunigunde.
Und er wirft ihr den Handschuh ins Gesicht:
„Den Dank, Dame, begehr ich nicht",
Und verläßt sie zur selben Stunde.

Schiller, Friedrich: „Der Handschuh", in: Paefgen, Elisabeth K; Geist, Peter: „Echtermeyer. Deutsche Gedichte. Von den Anfängen bis zur Gegenwart. Auswahl für Schulen", Cornelsen Verlag: Berlin, 20. Auflage 2010, S. 280f.

Der Handschuh (2/3)

1. **Lies das Gedicht *Der Handschuh* von Friedrich Schiller (Materialblatt A).**
2. **Markiere in der Ballade alle Figuren (Personen und Tiere), die auftreten.**
3. **Fülle die Tabelle auf dem Materialblatt B aus. Trage stichpunktartig ein, was die Figuren an welcher Stelle des Texts tun.**
4. **Eure Tabelle aus Aufgabe 3 hilft euch, ein Stop-Motion-Video zu drehen.**
   a) **Lies zunächst den folgenden Text zur Erstellung eines Stop-Motion-Videos.**

Stop Motion
Stop Motion – das heißt übersetzt so viel wie *angehaltene Bewegung* – das klingt erst mal widersprüchlich. Noch widersprüchlicher wird es, wenn man daran denkt, dass es sich bei Stop Motion um eine Filmtechnik handelt. Dabei werden Personen nicht abgefilmt, während sie sich tatsächlich bewegen, sondern es wird durch das Aneinanderreihen von Fotografien die Illusion einer Bewegung erzeugt. Stop-Motion-Videos oder Filme entstehen oft mithilfe von Figuren, die aus derselben Perspektive aufgenommen werden. Zwischen den Aufnahmen wird die Kamera gestoppt, damit die Figuren unbemerkt bewegt werden können. Auf dem nächsten Bild sieht es dann so aus, als hätten sie sich von selbst bewegt. Populäre Beispiele für Stop-Motion-Filme sind *Wallace and Gromit* oder *Coraline*.

   b) **Sprecht in der Klasse darüber, welche Gegenstände ihr benötigt, um selbst einen Stop-Motion-Film zu drehen. Haltet eure Ideen an der Tafel fest.**

5. **Bildet Gruppen und verfilmt das Gedicht zu einem Stop-Motion-Video.**
   a) **Bastelt oder sammelt Spielfiguren, z. B. von Playmobil®, Lego® oder Schleich®, und andere Objekte, um die Handlung des Gedichts nachzuspielen.**
   b) **Bastelt eine passende Kulisse. Ihr könnt dafür z. B. einen Hintergrund malen oder Gegenstände und Objekte verwenden.**
   c) **Benutzt eure Tabelle aus Aufgabe 3 als Drehbuch. Überlegt gemeinsam, wie ihr die Figuren anordnen und bewegen müsst, um die Handlung darzustellen. Macht euch dazu Notizen.**
   d) **Benutzt ein Smartphone oder eine Kamera, um Fotos zu machen, die ihr später am Computer zu einem Video aneinanderreiht.**

Tipp: Mit Apps, wie z. B. *Stop Motion Studio,* kann man Videos noch einfacher erstellen.

   e) **Sprecht den Gedichttext, passend zu eurem Video, ein.**

Tipp: Auch hierfür könnt ihr z. B. die App *Stop Motion Studio* verwenden.

6. **Präsentiert euer Ergebnis in der Klasse.**

Der Handschuh (3/3)

Strophe	Figur/Handlung
1	– König Franz und weitere Adelige sitzen vor dem Löwengarten ...
2	
3	
4	
5	
6	
7	
8	

Gedichte in Jugendsprache (1/4)

Version 1

Der Erlkönig
Johann Wolfgang von Goethe

Wer reitet so spät durch Nacht und Wind?
Es ist der Vater mit seinem Kind;
Er hat den Knaben wohl in dem Arm,
Er fasst ihn sicher, er hält ihn warm. –

Mein Sohn, was birgst du so bang dein Gesicht? –
Siehst, Vater, du den Erlkönig nicht?
Den Erlenkönig mit Kron' und Schweif? –
Mein Sohn, es ist ein Nebelstreif. –

„Du liebes Kind, komm, geh mit mir!
Gar schöne Spiele spiel ich mit dir;
Manch bunte Blumen sind an dem Strand;
Meine Mutter hat manch gülden Gewand."

Mein Vater, mein Vater, und hörest du nicht,
Was Erlenkönig mir leise verspricht? –
Sei ruhig, bleibe ruhig, mein Kind;
In dürren Blättern säuselt der Wind. –

„Willst, feiner Knabe, du mit mir gehn?
Meine Töchter sollen dich warten schön;
Meine Töchter führen den nächtlichen Reihn
Und wiegen und tanzen und singen dich ein."

Mein Vater, mein Vater, und siehst du nicht dort
Erlkönigs Töchter am düstern Ort? –
Mein Sohn, mein Sohn, ich seh' es genau:
Es scheinen die alten Weiden so grau. –

„Ich liebe dich, mich reizt deine schöne Gestalt,
Und bist du nicht willig, so brauch ich Gewalt." –
„Mein Vater, mein Vater, jetzt fasst er mich an!
Erlkönig hat mir ein Leids getan!" –

Dem Vater grauset's; er reitet geschwind,
Er hält in Armen das ächzende Kind,
Erreicht den Hof mit Mühe und Not;
In seinen Armen das Kind war tot.

Abb.: Dorothee Wolters

Goethe, Johann Wolfgang von: „Der Erlkönig", in: Paefgen, Elisabeth K; Geist, Peter: „Echtermeyer. Deutsche Gedichte. Von den Anfängen bis zur Gegenwart. Auswahl für Schulen", Cornelsen Verlag: Berlin, 20. Auflage 2010, S. 228

Gedichte in Jugendsprache (2/4)

Version 2

Der Vater reitet eilig durch die Nacht,
damit er es schnell nach Hause schafft.
Sein Sohn ist krank, er liegt im Arm,
der Vater hält ihn fest und warm.

Du siehst sehr ängstlich aus, mein Sohn! –
Vater, Vater, ich höre den Erlkönig schon.
Er ist ein Geist mit Krone und Schweif. –
Nein, mein Sohn, das ist nur ein Nebelstreif. –

Aber Vater, hörst du denn nicht,
was der Erlkönig da spricht? –
Bleib ruhig, mein Kind, du scheinst zu träumen.
Du hörst nur den Wind in den Bäumen. –

„Lieber Junge, komm doch mit mir,
meine schönen Töchter sind hier,
sie singen und tanzen nur für dich,
diese Nacht wird sicher unvergesslich." –

Papa, da vorne, kannst du sie sehen?
Die Töchter des Erlkönigs, wie sie im Walde stehen? –
Nein, mein Sohn, Frauen sind das nicht,
es sind nur ein paar Weiden in blassem Licht.

Der Sohn spricht im Fieber, das Pferd galoppiert;
Der Vater betet, dass nichts Schlimmeres passiert.
Endlich zu Hause ist es doch zu spät.
Der Sohn hat die Nacht nicht überlebt.

(Autorentext)

Version 3

Welcher Assi heizt da so krass davon?
Es ist der Vadder mit seinem Sohn.
Sein Boy ist sick und heftig blass,
der Alte tritt durch und gibt Vollgas.

Ey Junge, was los mit dir? –
Sheesh Vadder, was willst du von mir?
Ich talke gerade mit 'nem Ehrenmann. –
Mann, Junge, da is keiner, lan! –

Vadder, check das, voll heftig!
Der Typ ist total lässig! –
Was ist das für 1 Life?
Ich bring dich lieber zu deiner Alten, meiner wife! –

I bims, der Erlkönig, sagt er und dabt.
Der Junge glotzt völlig vercheckt.
Haste Bock, mit mir abzuhaun?
Wir können auf Tinder nach Ladys schaun. –

Lol, Vadder, gönn dir hart:
Der Erlkönig hat die Baes am Start! –
Boah, Sohn, jetzt reichts, du Clown!
Du hast wohl nicht alle Latten am Zaun! –

Der Alte gibt Vollgas und macht sich ins Hemd.
Den Jungen hat er unterm Arm geklemmt,
er steppt zur Homebase, doch what?
Sad Story: Der Boy ist in Erlkönigs Squad.

(Autorentext, inspiriert von https://thomas-kuhn.com/Langenscheidt-Copy)

Gedichte in Jugendsprache (3/4)

Der Taucher
Friedrich Schiller

Wer wagt es, Rittersmann oder Knapp,
Zu tauchen in diesen Schlund?
Einen goldnen Becher werf ich hinab,
Verschlungen schon hat ihn der schwarze Mund.
Wer mir den Becher kann wieder zeigen,
Er mag ihn behalten, er ist sein eigen.

Der König sprach es, und wirft von der Höh
Der Klippe, die schroff und steil
Hinaus hängt in die unendliche See,
Den Becher in der Charybde[1] Geheul.
Wer ist der Beherzte, ich frage wieder,
Zu tauchen in diese Tiefe nieder?

Und die Ritter, die Knappen um ihn her,
Vernehmens und schweigen still,
Sehen hinab in das wilde Meer,
Und keiner den Becher gewinnen will.
Und der König zum drittenmal wieder fraget:
Ist keiner, der sich hinunter waget?

Doch alles noch stumm bleibt wie zuvor,
Und ein Edelknecht, sanft und keck,
Tritt aus der Knappen zagendem[2] Chor,
Und den Gürtel wirft er, den Mantel weg,
Und alle die Männer umher und Frauen
Auf den herrlichen Jüngling verwundert schauen.

Und wie er tritt an des Felsen Hang,
Und blickt in den Schlund hinab,
Die Wasser, die sie hinunter schlang,
Die Charybde jetzt brüllend wiedergab,
Und wie mit des fernen Donners Getose
Entstürzen sie schäumend dem finstern Schoße.

Und es wallet und siedet und brauset und zischt,
Wie wenn Wasser mit Feuer sich mengt,
Bis zum Himmel sprützet der dampfende Gischt,
Und Flut auf Flut sich ohn Ende drängt,
Und will sich nimmer erschöpfen und leeren,
Als wollte das Meer noch ein Meer gebähren.
[...]

Und stille wirds über dem Wasserschlund,
In der Tiefe nur brauset es hohl,
Und bebend hört man von Mund zu Mund:
Hochherziger Jüngling, fahre wohl!
Und hohler und hohler hört mans heulen,
Und es harrt noch mit bangem, mit schrecklichem Weilen.
[...]

Und sieh! aus dem finster flutenden Schoß
Da hebet sichs schwanenweiß,
Und ein Arm und ein glänzender Nacken wird bloß
Und es rudert mit Kraft und mit emsigem Fleiß,
Und er ists, und hoch in seiner Linken
Schwingt er den Becher mit freudigem Winken.
[...]

Und er kommt, es umringt ihn die jubelnde Schaar,
Zu des Königs Füßen er sinkt,
Den Becher reicht er ihm knieend dar,
Und der König der lieblichen Tochter winkt,
Die füllt ihn mit funkelndem Wein bis zum Rande,
Und der Jüngling sich also zum König wandte:

Lang lebe der König! Es freue sich,
Wer da athmet im rosigten Licht.
Da unten aber ists fürchterlich,
Und der Mensch versuche die Götter nicht,
Und begehre nimmer und nimmer zu schauen
Was sie gnädig bedecken mit Nacht und Grauen.
[...]

1 **die Charbyde:** ein Meeresungeheuer der griechischen Mythologie
2 **zagend:** zögernd

Schiller, Friedrich: „Der Taucher", in: Paefgen, Elisabeth K; Geist, Peter: „Echtermeyer. Deutsche Gedichte. Von den Anfängen bis zur Gegenwart. Auswahl für Schulen", Cornelsen Verlag: Berlin, 20. Auflage 2010, S. 282ff.

© Verlag an der Ruhr | Autorin: Janina Weiß | ISBN 978-3-8346-4340-7 | www.verlagruhr.de

Gedichte in Jugendsprache (4/4)

1. Lies Goethes Ballade „Der Erlkönig" (Materialblatt A) und die beiden anderen Gedichte (Materialblatt B).
2. Tauscht euch in der Klasse über die Gedichte aus. Version 1 ist der Originaltext. Version 2 und 3 sind Nachdichtungen in Standard- und Jugendsprache.
   a) Fasst den Inhalt in eigenen Worten zusammen.
   b) Diskutiert die Wirkung der unterschiedlichen Versionen. Begründet euren Eindruck anhand des Textes.
   c) Ordnet die folgenden Adjektive den drei Gedichten zu.

lustig – poetisch – ansprechend – schön – unterhaltsam – verständlich – albern – anspruchsvoll – modern – alt – melodisch – rührend – spannend

3. Untersuche die drei Gedichtversionen vergleichend.
   a) Bestimme Reimschema und Versmaß des Originalgedichts. Der Spickzettel „Reim und Rhythmus" hilft dir dabei.
   b) Vergleiche den Inhalt von Version 1 und 2 und unterstreiche die Textstellen in Version 2, die zusätzliche Informationen enthalten.
   c) Die dritte Version unterscheidet sich deutlich von dem Originalgedicht. Kreuze an, welche Elemente der Jugendsprache die Nachdichtung aufweist, und notiere ein Beispiel aus dem Text auf der freien Linie.

- [ ] Anglizismen ....
- [ ] Neologismen ....
- [ ] umgangssprachliche Formulierungen ....
- [ ] bildhafte Ausdrücke ....
- [ ] Interjektionen ....

4. Bildet fünf Gruppen. Jede Gruppe bearbeitet zwei Strophen aus Schillers Ballade „Der Taucher" (Materialblatt C).
   a) Lest die Ballade einmal durch.
   b) Lest die eurer Gruppe zugeteilten Strophen noch einmal und tauscht euch anschließend über den Inhalt aus.
   c) Schreibt eine Version in Standardsprache und eine in Jugendsprache. Ihr könnt alle zusammen an den Versionen arbeiten oder euch das Schreiben aufteilen.
   d) Schreibt eure Strophen auf ein DIN-A3-Blatt oder auf zwei DIN-A4-Blätter. Hängt sie im Klassenraum in der richtigen Reihenfolge auf.
5. Lest eure Ergebnisse zusammenhängend vor. Reflektiert eure Arbeit sowie die verwendeten Formulierungen und Ausdrücke der Standard- und Jugendsprache. Diskutiert Gemeinsamkeiten und Unterschiede in eurem Schreibprozess.

Steig in den Ring (1/2)

Poetry Slam
Eine junge Frau. Ein inspirierender Song im Radio. Ein Text, der vorgelesen wird. Mehr hat es nicht gebraucht, um Julia Engelmann 2012 in kürzester Zeit deutschlandweit bekannt zu machen. Auf einem Poetry-Slam an einer Hochschule las sie ihren Text *Eines Tages Baby* vor, der sich damals rasant verbreitete und offensichtlich vielen Jugendlichen und jungen Erwachsenen aus dem Herzen sprach.

Genau darum geht es bei Poetry-Slams. Hier können Menschen ihre Geschichten in poetischer Sprache auf der Bühne vortragen und auf diese Weise ein breites Publikum erreichen. Die Texte können gefühlvoll und persönlich sein, so wie die von Julia Engelmann, oder auch albern und lustig. Das Schöne beim Poetry-Slam: Anders als in der klassischen Lyrik gibt es keine Regeln. Kein Thema ist zu abgefahren und keine Story zu banal. Auch Reimschematas und Versmaße interessieren nicht. Man kann einfach drauflosschreiben und mit seinen Worten das Publikum in seinen Bann ziehen.

1. **Recherchiere im Internet Videos von Poetry-Slam-Auftritten.**
   a) **Verwende z.B. die Suchbegriffe *Julia Engelmann + Eines Tages + Hörsaalslam* oder *Sven Kamin + Gedicht + Slam* und sieh dir die vorgeschlagenen Videos an.**
   b) **Vergleiche den Auftritt, den du dir angesehen hast, mit klassischer Lyrik und diskutiert in der Klasse, was das Besondere eines Poetry-Slams ist.**
   c) **Überlegt zu zweit, welche Dinge für einen erfolgreichen Poetry-Slam wichtig sind. Haltet eure Ideen in einer Mindmap fest.**

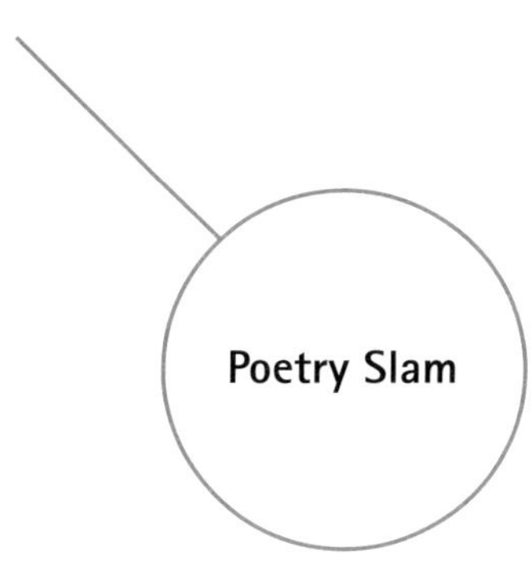

© Verlag an der Ruhr | Autorin: Janina Weiß | ISBN 978-3-8346-4340-7 | www.verlagruhr.de

Steig in den Ring (2/2)

Höhenangst
Julia Engelmann

Ich hab Sonne, ich kann wachsen,
nur dann wird mein Topf zu klein.
Ich hab Zeit, ich kann sie nutzen
bloß geht sie ja doch vorbei.

Ich hab Gefühle, ich kann lieben,
aber das erfordert Mut.
Ich hab Wein, ich kann ihn trinken,
nur mir geht's danach nicht gut.

Ich hab Kraft, ich kann recht stark sein,
doch ich spare sie mir auf.
Ich hab Freunde, ich kann da sein,
nur die Arbeit wartet auch.

Ich hab Beine, ich kann rausgehen,
ohne Grund mach ich das nie.
Ich hab mich, und ich kann leben,
ich weiß nur nicht richtig wie.

Ich hab Kiemen, ich kann schwimmen,
nur werd ich nicht so gerne nass.
Ich hab Flügel, ich kann fliegen,
habe aber Höhenangst.

Ich weiß, dass das idiotisch ist,
deshalb schreibe ich es auf,
damit ich's endlich selbst begreife
sonst lerne ich ja nie daraus.

Engelmann, Julia: „Höhenangst", in: „Jetzt, Baby", Goldmann Verlag: München, 2016, S. 20–21

2. Lies den Text von Julia Engelmann. Achte dabei auf sprachliche Besonderheiten.
a) Markiere die verwendeten Stilmittel, z. B. Metaphern, Wiederholungen usw.
b) Lege auf einem extra Blatt eine Tabelle an, in der du gegenüberstellst, was das lyrische Ich hat, was es gerne tun würde und warum es doch zögert.

HABEN	WOLLEN	ZÖGERN
Sonne	wachsen	zu kleiner Topf
...	...	...

3. Arbeitet zu zweit. Ordnet jedem Verspaar ein passendes Schlagwort zu. Verwendet die folgenden Vorschläge und/oder eigene Ideen.

Vergänglichkeit *Pflichtgefühl* *Unsicherheit* *Bequemlichkeit*
Überforderung *Einschränkung* *Schüchternheit*

a) Vergleicht und diskutiert eure Ergebnisse in der Klasse.
b) Tauscht euch darüber aus, ob ihr mit einem der Schlagworte eigene Erfahrungen verbindet und ob ihr die jeweils zugeordnete Aussage des lyrischen Ichs nachvollziehen könnt.

4. Wählt aus euren Schlagwörtern von Aufgabe 3 eins aus, zu dem ihr einen Slam-Text verfasst.

5. Tragt eure Texte im Rahmen eines klasseninternen Poetry-Slams vor. Nehmt dabei eure Mindmap aus Aufgabe 1c) zu Hilfe.

Figurengedichte (1/2)

Die Trichter
Christian Morgenstern

Zwei Trichter wandeln durch die Nacht.
Durch ihres Rumpfs verengten Schacht
fließt weißes Mondlicht
still und heiter
auf ihren
Waldweg
u. s.
w.

Morgenstern, Christian: „Die Trichter", URL: https://www.textlog.de/morgenstern/gedichte/die-trichter

Behaust
Babette Werth

b
b e h
b e h a u
b e h a u s t
b e h a u s t
~~~ b e h a u s t ~~~ u n b e h a u s t ~~~

Werth, Babette: „Behaust", in: babettewerth.de, URL: www.babettewerth.de/projekte/text/visuelle-gedichte/

ebbe/flut
Ernst Jandl

ebbeebbeebbeebbeebbeflut
ebbeebbeebbeebbeebbeebbe
ebbeebbeebbeebbeebbeflut
ebbeebbeebbeebbefluuuuut
ebbeebbeebbefluuuuuuuuut
ebbeebbefluuuuuuuuuuuuut
ebbefluuuuuuuuuuuuuuuuut
fluuuuuuuuuuuuuuuuuuuuut
ebbefluuuuuuuuuuuuuuuuut

Jandl, Ernst: „ebbe/flut", in: Ders.: „Gesammelte Werke. Erster Band. Gedichte 1", Luchterhand Verlag: Darmstadt und Neuwied, 1985, S. 398
~~~

Figurengedichte (2/2)

1. **Stellt gemeinsam in der Klasse Vermutungen an, was mit dem Begriff *Figurengedicht* gemeint sein könnte.**

2. **Betrachtet und lest die folgenden Gedichte.**
   a) **Diskutiert in der Klasse, was euch auffällt.**
   b) **Formuliert, ausgehend von euren Überlegungen aus Aufgabe 1, eine Definition für ein Figurengedicht.**

3. **Verfasst ein eigenes Figurengedicht zu einem Thema eurer Wahl.**
   a) **Schreibt ein Gedicht bzw. einen Text zu eurem Thema. Ihr könnt frei entscheiden, welches Reimschema ihr verwendet und wie lang das Gedicht sein soll.**
   b) **Schreibt euer Gedicht auf ein extra Blatt.**
   c) **Überlegt euch eine Form, die zu eurem Thema passt.**
   d) **Zeichnet die Umrisse der Form in das freie Feld unten.**

Tipp: Ihr könnt auch eine geeignete Vorlage aus dem Internet ausdrucken und abpausen.

   e) **Schreibt euren Text in die vorgezeichnete Form. Um die Form zu füllen, könnt ihr den Text wiederholend aneinanderreihen oder die Schriftgröße und -art passend verändern.**

Lyrik erleben in Klasse 9/10

Projektübersicht und Lehrerhinweise

Projekt: Bilder aus der Betonwüste (S. 62–64)	
Darum geht's	Die Schüler*innen nutzen exemplarische Großstadtlyrik als Inspiration für eine fotografisch-gestalterische Annäherung an das Thema „Stadt".
Behandelte Gedichte	Alfred von Wolfenstein: *Städter* Kurt Tucholsky: *Augen in der Groß-Stadt*
Kompetenzziele	• produktive Methoden anwenden • dadurch wesentliche Elemente eines Textes erfassen und das Textverständnis vertiefen • eigene Deutungen des Textes entwickeln, am Text belegen und sich mit anderen darüber verständigen • Medien zur Präsentation und ästhetischen Produktion nutzen

Hinweise zu Stundeninhalt und Methode

Im Rahmen dieses Projekts setzen sich die Schüler*innen mit exemplarischen Werken der Großstadtlyrik auseinander, um dann selbst Stadtmotive durch die Linse ihrer Handykameras zu entdecken. Obwohl man annehmen kann, dass viele Jugendliche mit ihren Smartphones und deren Kamera gut vertraut sind, kann es hilfreich sein, die Möglichkeiten der Handyfotografie und der Nachbearbeitung gemeinsam zu besprechen, wenn im Rahmen des Unterrichts Fotos gemacht werden sollen. So können Sie für alle Mitglieder Ihrer Lerngruppe vergleichbare Bedingungen schaffen.

Viele Handys bieten bereits im Kameramodus die Möglichkeit, vor oder nach der Aufnahme Helligkeit, Kontrast und Fokus einzustellen. Zusätzlich gibt es verschiedene kostenlose Apps, die zur Nachbearbeitung genutzt werden können, wie z. B. *VSCO*. Lassen Sie Ihre Schüler*innen die verschiedenen Möglichkeiten Ihres Smartphones und von Apps zur Nachbearbeitung ausprobieren.

Darüber hinaus können die Bilder – unabhängig davon, ob sie mit einer Kamera oder dem Smartphone aufgenommen worden sind – auch am Computer nachbearbeitet werden. Die meisten professionellen Programme, wie *Photoshop* oder *Lightroom*, sind allerdings nicht kostenfrei nutzbar. Gratis und intuitiv in der Bedienung sind die Programme *Picasa* und *Photoscape*, die sich jedoch auch auf einige wesentliche Funktionen beschränken.

Das Projektmaterial geht davon aus, dass die Jugendlichen ihre Fotos in Einzelarbeit aufnehmen. Wenn die Möglichkeit besteht, kann die Fotosafari aber auch in Partner- oder Gruppenarbeit durchgeführt werden. Die Anzahl der Bilder, die präsentiert werden sollen, sollte entsprechend angepasst werden, sodass bei Partnerarbeit mindestens zwei Fotos und bei Gruppenarbeit drei bis vier Bilder präsentiert werden. Eine besondere Wertschätzung der Arbeit Ihrer Schüler*innen ist es, wenn die Bilder nicht nur im Klassenraum, sondern vorübergehend im Schulgebäude ausgestellt werden.

Projekt: Reklame (S. 65–66)	
Darum geht's	Die Schüler*innen reflektieren, ausgehend von einem Gedicht der Nachkriegszeit, generationsübergreifende Sehnsüchte und Ängste, die sie – inspiriert von der Kunst der Affichisten – in Collagen zum Ausdruck bringen und so Parallelen zwischen verschiedenen Kunstformen erkennen.
Behandeltes Gedicht	Ingeborg Bachmann: *Reklame*
Kompetenzziele	• produktive Methoden anwenden • dadurch wesentliche Elemente eines Textes erfassen und das Textverständnis vertiefen • eigene Deutungen des Textes entwickeln, am Text belegen und sich mit anderen darüber verständigen • Medien zur Präsentation und ästhetischen Produktion nutzen

Hinweise zu Stundeninhalt und Methode

Gedichte sind nicht nur Texte, sondern kunstvolle Erzeugnisse. Sie sind ebenso Spiegel ihrer Zeit wie die Kunstwerke großer Maler. Im Rahmen dieses Projekts sollen die Schüler*innen Parallelen zwischen Kunstformen einer Epoche erkennen. Inspiration dafür war der Titel einer Ausstellung in der Schirn Kunsthalle Frankfurt: *Poesie der Großstadt.* Auch die Schüler*innen beschäftigen sich mit der Kunst der Affichisten, einer kleinen französischen Künstlergruppe, die mit Plakaten (frz. les affiches) arbeiteten, und setzen sie in Bezug zu einem thematisch passenden Gedicht. Als Produkte entstehen Collagen, in denen sie nicht nur Werbebilder wie die Affichisten, sondern auch Gedichte, wie das Beispiel von Ingeborg Bachmann, nutzen. So erhalten sie einen fachverbindenden Zugang zu Poesie. Die Collagen können je nach Lerngruppe auch in Partnerarbeit angefertigt werden. Damit sich die Jugendlichen möglichst intensiv mit der Thematik auseinandersetzen, ist von einer Gruppenarbeit abzusehen.

Projekt: krk zsch ffft (S. 67–68)	
Darum geht's	Die Schüler*innen begreifen die Lautgedichte als besondere Form der Lyrik. Sie entdecken alltägliche Geräusche unter lyrischen Gesichtspunkten und nutzen Tonaufnahmen zur Produktion eigener Lautgedichte.
Behandeltes Gedicht	Ernst Jandl: *schtzngrmm*
Kompetenzziele	• produktive Methoden anwenden • dadurch wesentliche Elemente eines Textes erfassen und das Textverständnis vertiefen • eigene Deutungen des Textes entwickeln, am Text belegen und sich mit anderen darüber verständigen • Medien zur Präsentation und ästhetischen Produktion nutzen

Hinweise zu Stundeninhalt und Methode

Während sich das Projekt *Figurengedichte* mit dem visuellen Aspekt von Sprache beschäftigt, geht es in diesem Projekt um Sprache als Summe von Lauten. In Lautgedichten werden Laute mittels Sprache wiedergegeben. Die Worte, die dabei entstehen, sind reine Lautmalereien. Dies nehmen die Schüler*innen zum Anlass, in ihrem Alltag Geräusche und Töne zu suchen, aufzunehmen und zu Lautgedichten zusammenzusetzen. Ihre Aufnahmen schneiden, bearbeiten und präsentieren sie. Dazu ist – wie auch beim Projekt *Regenhörspiel* – das kostenlose Programm *Audacity* zu empfehlen. Darin können die Tonspuren, die die Jugendlichen mit ihren Smartphones aufnehmen, geschnitten und bearbeitet werden.

Das folgende Tutorial gibt hierzu eine kurze Einführung und kann gemeinsam zur Vorbereitung angesehen werden: *Audacity Tutorial* von Andreas Kalt – Erklärvideos auf www.youtube.com.

Projekt: Rupis Blumengarten (S. 69–70)	
Darum geht's	Die Schüler*innen lernen aktuelle Lyrik in sozialen Medien kennen, wie z. B. Instagram, und reflektieren sie. Darüber hinaus verfassen und gestalten sie eigene Texte als Postings im Instagram-Stil.
Behandelte Gedichte	Rupi Kaur: *dies ist das rezept des lebens* *sonnenblumen* *akzeptanz*
Kompetenzziele	• produktive Methoden anwenden • dadurch wesentliche Elemente eines Textes erfassen und das Textverständnis vertiefen • eigene Deutungen des Textes entwickeln, am Text belegen und sich mit anderen darüber verständigen • Medien zur Präsentation und ästhetischen Produktion nutzen

Hinweise zu Stundeninhalt und Methode

Poesie erlebt in den sozialen Medien seit Längerem ein Revival. Eine steigende Zahl an Profilen veröffentlicht Bilder kurzer lyrischer Texte und erreicht damit Tausende Leser*innen. Auch Julia Engelmann, mit der sich das Projekt *Steig in den Ring* befasst, veröffentlicht Gedanken, Notizen und kurze Auszüge aus ihren Texten auf ihrem Instagram-Profil @_juliaengelmann.

International bekannt und erfolgreich ist unter anderem Rupi Kaur (@rupikaur_), die ihre kurzen Gedichte mit passenden Illustrationen untermalt. Die Schüler*innen beschäftigen sich mit drei exemplarischen Texten und der darin enthaltenen Symbolik, bevor sie eigene Texte im Stil eines Instagram-Posts gestalten.

In aufgeschlossenen Lerngruppen wäre es denkbar, die Postings nicht nur analog entwerfen zu lassen, sondern tatsächlich digital zu erstellen – sei es durch Abfotografieren oder gleich mithilfe eines Gestaltungsprogramms am Computer.

Projekt: Sachliche Romanze (S. 71–72)	
Darum geht's	Die Schüler*innen erarbeiten in Kleingruppen eine Reihe von Standbildern zum Gedicht, die, von einem mündlichen Gedichtvortrag begleitet, präsentiert werden.
Behandeltes Gedicht	Erich Kästner: *Sachliche Romanze*
Kompetenzziele	• Fach- und Methodenwissen selbstständig auf lyrische Texte anwenden • produktive Methoden anwenden und einen Text szenisch gestalten • dadurch wesentliche Elemente eines Textes erfassen und das Textverständnis vertiefen • wesentliche Fachbegriffe zur Erschließung anwenden, z. B. lyrisches Ich, Figur, Rolle, Erzähler, Dialog • Texte sinngebend und gestaltend vortragen

Hinweise zu Stundeninhalt und Methode

Das Gedicht *Sachliche Romanze* von Erich Kästner erzählt in wenigen Worten sehr viel über die Entfremdung eines Paars. Durch das Erarbeiten einer Standbildabfolge sind die Schüler*innen angewiesen, den Text intensiv zu erschließen und auf allen Deutungsebenen zu erfassen. Dass die Präsentation der Standbilder untermalt wird vom mündlichen Vortrag des Gedichts, erleichtert ihnen das Einhalten der richtigen Reihenfolge und des Timings. Sensibilisieren Sie Ihre Schüler*innen dafür, die Standbilder ausgiebig zu üben und dabei Positionen einzunehmen, die dem Publikum eine gute Sicht erlauben. Je nach Lerngruppe können die Rollenkarten als Hilfestellung angeboten und/oder gegebenenfalls ergänzt werden.

Bilder aus der Betonwüste (1/3)

1. **Lies den einführenden Text über die Faszination Großstadt und markiere dabei wichtige Stellen.**

Faszination Großstadt
Mittlerweile ist es für viele Menschen ganz normal, in der Stadt zu wohnen. Früher ging von Städten jedoch eine große Faszination aus – in vielen Gedichten ist die Großstadt daher ein zentrales Motiv. Im Zuge der Industrialisierung kam es zu einem sehr schnellen Städtewachstum. Das machte die Stadt zum Symbol für Fortschritt und den Aufbruch in die Moderne. Diese Entwicklung war nicht nur positiv. In jeder Stadt gab es Viertel mit großer Armut und viel Kriminalität. Auch in den besseren Stadtvierteln litten die Menschen unter der Anonymität trotz der Nähe zu ihren Mitbürgern und Mitbürgerinnen. Die Stadt wurde zur Projektionsfläche für negative Gefühle, wie Ohnmacht und Einsamkeit. Dieser Gegensatz spiegelt sich in einer Vielzahl von Gedichten der Großstadtlyrik wider. Sie entstanden um die Jahrhundertwende. Aber auch Dichter und Dichterinnen des Expressionismus und der Neuen Sachlichkeit, wie Mascha Kaléko, Georg Trakl oder Gottfried Benn, brachten in ihren lyrischen Werken die Faszination Großstadt zum Ausdruck.

2. **Welche Gefühle löst die Großstadt bei dir aus?**
   a) **Schließe die Augen und stelle dir vor deinem inneren Auge Momentaufnahmen aus der Stadt vor. Denke an Wolkenkratzer, die Menschen und den Verkehr auf der Straße. Was siehst du? Was hörst und riechst du? Wie fühlst du dich?**
   b) **Notiere in den Hochhäusern stichpunktartig Gedanken, Bilder und Gefühle, die diese Vorstellung bei dir auslöst.**
   c) **Diskutiert eure Ergebnisse zu zweit und begründet dabei eure Auswahl.**
   d) **Ergänze deine Notizen, wenn nötig.**

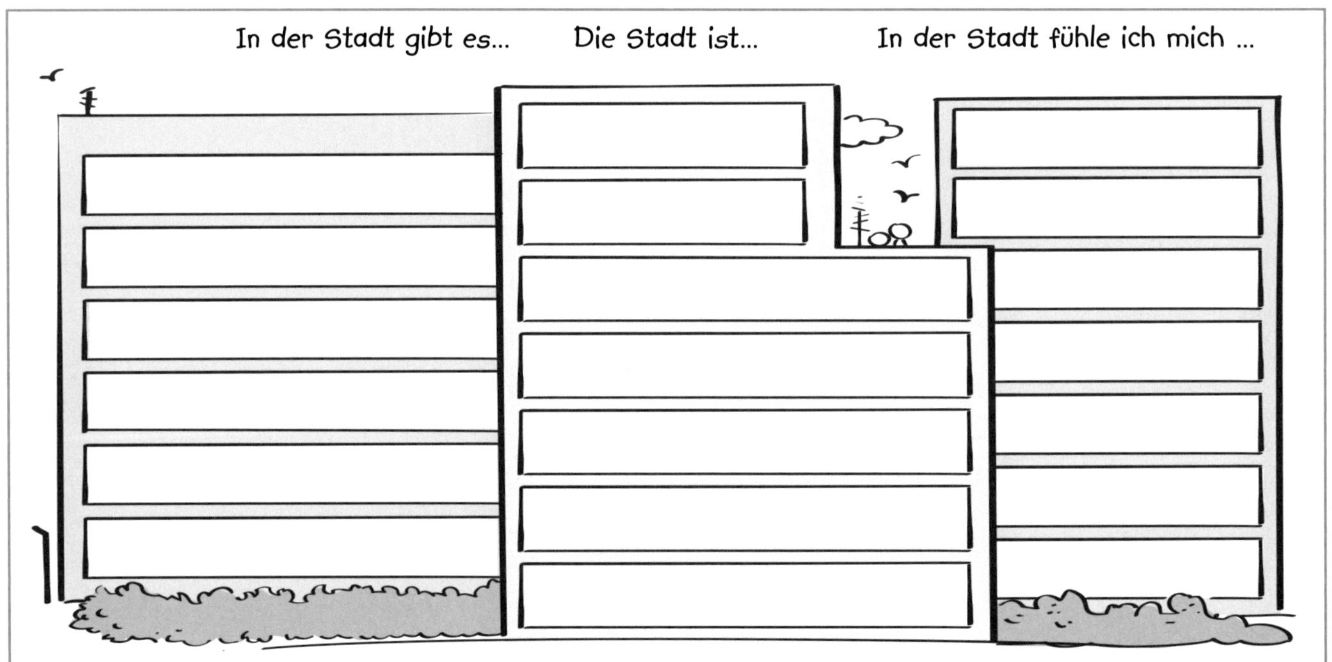

Abb.: Dorothee Wolters

Bilder aus der Betonwüste (2/3)

© Ivana Milic / Shutterstock.com

Augen in der Groß-Stadt

Kurt Tucholsky

Wenn du zur Arbeit gehst
am frühen Morgen,
wenn du am Bahnhof stehst
mit deinen Sorgen:
da zeigt die Stadt
dir asphaltglatt
im Menschentrichter
Millionen Gesichter:
Zwei fremde Augen, ein kurzer Blick,
die Braue, Pupillen, die Lider –
Was war das? vielleicht dein Lebensglück ...
vorbei, verweht, nie wieder.

Du gehst dein Leben lang
auf tausend Straßen;
du siehst auf deinem Gang,
die dich vergaßen.
Ein Auge winkt,
die Seele klingt;
du hasts gefunden,
nur für Sekunden ...
Zwei fremde Augen, ein kurzer Blick,
die Braue, Pupillen, die Lider;
Was war das? kein Mensch dreht die Zeit zurück ...
vorbei, verweht, nie wieder.

Du mußt auf deinem Gang
durch Städte wandern;
siehst einen Pulsschlag lang
den fremden Andern.
Es kann ein Feind sein,
es kann ein Freund sein,
es kann im Kampfe dein
Genosse sein.
Es sieht hinüber
Und zieht vorüber ...
Zwei fremde Augen, ein kurzer Blick,
die Braue, Pupillen, die Lider.
Was war das?
Von der großen Menschheit ein Stück!
Vorbei, verweht, nie wieder.

Tucholsky, Kurt (1930): „Augen in der Groß-Stadt", in: Paefgen, Elisabeth K; Geist, Peter: „Echtermeyer. Deutsche Gedichte. Von den Anfängen bis zur Gegenwart. Auswahl für Schulen", Cornelsen Verlag: Berlin, 20. Auflage 2010, S. 629–630

Städter

Alfred von Wolfenstein

Nah wie Löcher eines Siebes stehn
Fenster beieinander, drängend fassen
Häuser sich so dicht an, da[ss] die Straßen
Grau geschwollen wie Gewürgte stehn.

Ineinander dicht hineingehakt
Sitzen in den Trams die zwei Fassaden
Leute, wo die Blicke eng ausladen
Und Begierde ineinander ragt.

Unsre Wände sind so dünn wie Haut,
Da[ss] ein jeder teilnimmt, wenn ich weine.
Flüstern dringt hinüber wie Gegröhle:

Und wie stumm in abgeschlossner Höhle
Unberührt und ungeschaut
Steht doch jeder fern und fühlt: alleine.

Wolfenstein, Alfred (1914): „Städter", in: Pinthus, Kurt (Hrsg.): „Menschheitsdämmerung: ein Dokument des Expressionismus. Mit Biographien und Bibliographien", Rowohlt: Hamburg 1959, S. 45

© Verlag an der Ruhr | Autorin: Janina Weiß | ISBN 978-3-8346-4340-7 | www.verlagruhr.de

Bilder aus der Betonwüste (3/3)

1. **Lies die beiden Gedichte auf Materialblatt A. Markiere Stilmittel und andere Stellen, die dir besonders auffallen.**
2. **Wähle eines der beiden Gedichte aus.**
   a) **Untersuche die Sprache des Gedichts. Die folgenden Fragen helfen dir dabei.**
   - Wie wird die Stadt beschrieben? Auf welche Aspekte wird besonders Wert gelegt?
   - Welchen Eindruck hat das lyrische Ich von der Stadt? Wie fühlt es sich?
   - Welche Stilmittel drücken die Gefühle des lyrischen Ichs aus?

   b) **Vergleiche das Gedicht mit deinen eigenen Notizen aus Aufgabe 1. Inwiefern unterscheiden sich deine Assoziationen zur Stadt von dem Inhalt des Gedichts und der Wahrnehmung des lyrischen Ichs?**

   c) **Kannst du die Gefühle, die das lyrische Ich angesichts der Stadt empfindet, nachvollziehen? Teile deine Meinung in der Klasse mit und begründe sie.**

© Claudio Giovanni Colombo / Shutterstock.com

© Alex Linch / Shutterstock.com

3. **Beide Gedichte haben eine bildhafte Sprache. Lies das Gedicht, das du in Aufgabe 2 ausgewählt hast, noch einmal. Versuche, dir beim Lesen reale Orte in einer Stadt, die du kennst, vorzustellen. Ergeht es dir ähnlich wie dem lyrischen Ich in dem Gedicht? Notiere die Orte und Situationen, an die dich das Gedicht erinnert.**
4. **Gehe auf eine Fotosafari: Nimm in deiner Heimatstadt oder einer Stadt in deiner Nähe Fotos auf, die zu dem Gedicht passen.**
   a) **Besuche die Orte, die du in Aufgabe 3 notiert hast, oder ähnliche Plätze.**
   b) **Nimm mit deinem Handy oder einer Kamera Fotos auf. Versuche, das Beschriebene abzubilden, die Stimmung des Gedichts einzufangen oder Assoziationen, die du bei der Lektüre hast, darzustellen.**
5. **Drucke deine Bilder aus und gestalte ein Plakat oder eine Collage.**
   a) **Wähle passende Bilder aus und ordne sie auf dem Plakat an.**
   b) **Nutze auch das Gedicht, das dir als Vorlage diente, zur Gestaltung deines Plakats. Ordne den Bildern einzelne Strophen, Zeilen oder Worte zu. Du darfst das Gedicht auseinandernehmen und die Verse neu anordnen, sodass sie zu deinen Bildern passen. Du kannst den Text auch in deine Bilder integrieren.**
6. **Präsentiert eure Plakate in der Klasse und erläutert ihren Entstehungsprozess.**

Reklame (1/2)

1. **Lies das Gedicht *Reklame* von Ingeborg Bachmann. Was fällt dir auf? Notiere deine Gedanken stichwortartig.**

Reklame
Ingeborg Bachmann

Wohin aber gehen wir
ohne sorge sei ohne sorge
wenn es dunkel und wenn es kalt wird
sei ohne sorge
aber
mit musik
was sollen wir tun
heiter und mit musik
und denken
heiter
angesichts eines Endes
mit musik
und wohin tragen wir
am besten
unsre Fragen und den Schauer aller Jahre
in die Traumwäscherei ohne sorge sei ohne sorge
was aber geschieht
am besten
wenn Totenstille
eintritt.

Bachmann, Ingeborg: „Reklame", in: „Anrufung des großen Bären. Gedichte", Piper: München/Zürich, 2011. S. 48

2. **Überlegt, warum die Autorin den Titel *Reklame* für ihr Gedicht gewählt hat. Inwiefern erinnert der Inhalt des Gedichts an Werbung? Diskutiert und begründet eure Meinungen in der Klasse.**

3. **1945 endete der Zweite Weltkrieg. Die Zeit danach wird Nachkriegszeit genannt. In ihrem Gedicht setzt sich Bachmann mit dieser Zeit auseinander. Lies das Gedicht noch einmal. Beantworte die folgenden Fragen schriftlich in deinem Heft:**
   a) **Welche Ängste und Sorgen drückt das lyrische Ich aus?**
   b) **Welche Versprechen machen die kursiv gedruckten Verse in diesem Kontext?**
   c) **Mittels welcher Stilmittel verleiht Bachmann den Sorgen und Versprechen besonderen Nachdruck?**

Reklame (2/2)

4. Lies den folgenden Text und markiere wichtige Textstellen.

Die Kunst der Affichisten: Aus Werbung wird Poesie

In den 1950er-Jahren schufen einige Künstler aus Paris eine neue Kunstform. Sie nannten sich Affichisten (*deutsch:* Plakatierer) und setzten Teile von Werbeplakaten, die sie von Litfaßsäulen und Wänden in den Straßen kratzten, zu kunstvollen Collagen zusammen.

Die Menschen hatten in den 1950er-Jahren das Bedürfnis, nach dem Zweiten Weltkrieg möglichst schnell zur Normalität zurückzukehren. Nach Jahren der Entbehrung während des Krieges war der Wunsch nach Ablenkung und Wohlstand groß. Die Werbung nutzte diesen Wunsch. Plakate lockten mit optimistischen Bildern und Slogans, die von den Kriegsfolgen ablenken sollten, und prägten das Straßenbild vieler Städte. Die Plakatteile und Fetzen, die sie sammelten, setzten Künstler wie Jacques Villeglé zu bunten Collagen und Kunstwerken zusammen. Auf diese Weise schufen die Affichisten nicht nur eine moderne künstlerische Bewegung, sondern auch Zeitzeugnisse.

Eine Ausstellung eines Frankfurter Museums betitelte die Kunstrichtung rückblickend als *Poesie der Großstadt*. Aber inwiefern sind Collagen aus Werbeplakaten poetisch? Poesie, also Dichtkunst, verdichtet Sprache – durch Reimschemata, Metrik und Stilmittel – und erschafft so *Gedichte*, die mehr ausdrücken, als man nach dem ersten Lesen annimmt. Die Affichisten verdichten in ihrer Kunst wiederum verschiedene Werbeplakate zu neuen Kunstwerken. Diese Kunstwerke spiegeln bei genauer Betrachtung die Bedürfnisse der Großstadtbewohner und -bewohnerinnen dieser Zeit wieder. Insofern sind die Collagen tatsächlich die Poesie der Großstadt, die gleichzeitig Ausdruck von Vergänglichkeit und dem Wunsch nach Verdrängung ist.

Werk des bekannten Affichisten Jacques de la Villeglé

5. Worin ähneln sich die Kunst der Affichisten und das Gedicht Reklame **von Ingeborg Bachmann? Schreibe in dein Heft.**

6. Sowohl Bachmann als auch die Affichisten bedienen sich der Werbung, denn sie ist Ausdruck der Sehnsüchte einer Gesellschaft – auch heute noch.
   a) Durchsuche alte Zeitschriften und Magazine nach Werbeseiten und schneide sie aus.
   b) Betrachte die Werbeseiten, die du gesammelt hast. Welche Sorgen und Ängste, Bedürfnisse und Sehnsüchte kannst du daraus ableiten?
   c) Werde selbst zum Affichisten oder zur Affichistin! Zerschneide die Werbeseiten und setze sie zu einem neuen Bild zusammen. Erstelle eine Collage, die sich kritisch mit der aktuellen Werbung auseinandersetzt.
   d) Klebe oder schreibe eine poetische Botschaft oder ein kurzes Gedicht zu deinem Kunstwerk.

7. Stellt eure Collagen in der Klasse aus und diskutiert eure Ergebnisse.

© Verlag an der Ruhr | Autorin: Janina Weiß | ISBN 978-3-8346-4340-7 | www.verlagruhr.de

krk zsch ffft (1/2)

schtzngrmm
Ernst Jandl

schtzngrmm
schtzngrmm
t-t-t-t
t-t-t-t
grrrmmmmm
t-t-t-t
s---------c---------h
tzngrmm
tzngrmm
tzngrmm
grrrmmmmm
schtzn
schtzn
t-t-t-t
t-t-t-t
schtzngrmm
schtzngrmm
tssssssssssssss
grrt
grrrrrt
grrrrrrrrrt
scht
scht
t-t-t-t-t-t-t-t-t
scht
tzngrmm
tzngrmm
t-t-t-t-t-t-t-t-t
scht
scht
scht
scht
scht
grrrrrrrrrrrrrrrrrrrrrrrrrrr
t-tt

Jandl, Ernst: „schtzngrmm“,
in: Ders.: „Laut und Luise“, Walter-Verlag 196
(Walter-Druck 12): Freiburg/Olten, 1966,
URL: www.lyrikline.org/de/gedichte/
schtzngrmm-1230

krk zsch ffft (2/2)

1. **Hört euch die Vertonung des folgenden Gedichts unter www.lyrikline.org/de/gedichte/schtzngrmm-1230 an oder lasst es euch von eurer Lehrkraft vortragen.**

2. **Führt zu zweit ein stummes Schreibgespräch.**
   a) **Notiert Gedanken und Assoziationen neben dem Gedichttext. Die folgenden Fragen können euch dabei helfen:**
      - Inwiefern handelt es sich bei dem Text um ein Gedicht?
      - Woran erinnern euch die Wörter und ihr Klang?
      - Musstet ihr während des Vortrags an etwas Bestimmtes denken?

   b) **Diskutiert eure Gedanken in der Klasse.**

3. **Informiert euch mithilfe des folgenden Textes über Lautpoesie. Unterstreicht die Textstellen, an denen beschrieben wird, was bei akustischer Dichtung zu beachten ist.**

Lautpoesie

Die Lautpoesie, die auch akustische Dichtung genannt wird, basiert, wie der Name schon vermuten lässt, auf der Verschriftlichung von Lauten und Tönen. Die Sprache solcher Gedichte ergibt meistens keinen Sinn, da den verwendeten Wörtern und Ausdrücken keinerlei inhaltliche Bedeutung zugeordnet werden kann. Neben Christian Morgenstern haben vor allem Dichterinnen und Dichter des Dadaismus lautpoetische Texte verfasst, z. B. *Karawane* von Hugo Ball oder *Bimmelresonanz II* von Johannes Theodor Baargeld. An diesen Beispielen sieht man, dass in der akustischen Dichtung vor allem Lautmalereien und Interjektionen eingesetzt werden. Dabei steht stets der Klang des Wortes bei der Aussprache im Vordergrund. Weil der Klang dieser Dichtung so wichtig ist, sollten die Werke auch laut vorgetragen werden. Beim Vortrag selbst sind Betonung, Dehnung und Rhythmus wichtig, mit denen experimentiert werden kann, um Wortklang und Wirkung zu beeinflussen.

4. **Überlegt in Kleingruppen, an welchen Orten man besondere Geräusche hört.**
   a) **Versucht, die Geräusche als Lautmalereien oder Neologismen (Wortneuschöpfungen) zu verschriftlichen.**
   b) **Schreibt mithilfe eurer gesammelten Wörter eigene akustische Gedichte.**

5. **Nehmt mit einem Aufnahmegerät oder eurem Smartphone Töne auf, die zu eurem Simultangedicht passen.**
   a) **Schneidet die Töne, passend zu eurem Gedicht, zusammen. Verwendet das Programm *Audacity*.**
   b) **Übt einen Gedichtvortrag ein, bei dem ihr das Gedicht vorlest und auch eure Tonaufnahmen integriert.**

Tipp: Ihr könnt eure Aufnahmen die ganze Zeit laufen lassen, an passender Stelle einspielen oder Teile des Texte gezielt durch die Aufnahme ersetzen.

6. **Haltet eure Gedichtvorträge in der Klasse. Gebt euch gegenseitig Feedback. Reflektiert dabei, wie sich eure Gedichte von den tatsächlichen Geräuschen unterscheiden.**

Rupis Blumengarten (1/2)

1. Lies den einführenden Text zu den Gedichten von Rupi Kaur. Markiere Schlagworte, die Inhalt und Ziel ihrer Werke beschreiben.

Rupi Kaur
Die indisch-kanadische Dichterin Rupi Kaur definiert zeitgenössische Lyrik neu. Auf Instagram veröffentlicht sie kurze poetische Texte, die mit passenden Illustrationen verziert sind. In ihren Gedichten verarbeitet sie eigene Erfahrungen mit Depressionen. Sie zeigt, dass Schreiben nicht nur eine Möglichkeit ist, negative Gefühle aus dem Kopf aufs Papier zu bannen, sondern auch um positive Gedanken zu formulieren und neue Hoffnung zu schöpfen. Rupi Kaur ist international erfolgreich, auch jenseits von Instagram. Bereits zwei Bücher sind von ihr erschienen, in denen ihre Gedichte und Texte veröffentlicht wurden.

2. **Lies die drei Gedichte.**

dies ist das rezept des lebens
sagte meine mutter
während sie mich in den armen hielt und ich weinte
denk an die blumen die du jedes jahr
im garten pflanzt
sie werden dich lehren
dass auch menschen
welken
fallen
wurzeln schlagen
wachsen müssen
um zu blühen

Kaur, Rupi: „Die Blüten der Sonne: Poetry". Aus dem Amerikanischen von Anna Julia Strüh, Fischer: Frankfurt a. M., 2018, S. 114

obwohl sie wissen
dass sie nicht lange hier sein werden
sind sie entschlossen das leben
in all seiner pracht zu leben
– *sonnenblumen*

Kaur, Rupi: „Die Blüten der Sonne: Poetry". Aus dem Amerikanischen von Anna Julia Strüh, Fischer: Frankfurt a.M., 2018. S. 91

wenn ich die längste beziehung meines lebens
mit mir selbst habe
wird es dann nicht zeit
innige vertrautheit
und liebe
zu der person aufzubauen
mit der ich jede nacht im bett liege
– *akzeptanz*

Kaur, Rupi: „Die Blüten der Sonne: Poetry." Aus dem Amerikanischen von Anna Julia Strüh, Fischer: Frankfurt a. M., 2018, S. 108

a) Beschreibe Schriftart, Titel und Sprache der Gedichte.
b) Erläutere die Symbolik der drei Gedichte. Gehe dabei auf Ähnlichkeiten ein.
c) Recherchiert, welche Bilder Rupi Kaur typischerweise zu ihren Texten erstellt. Nutzt dazu die Suchbegriffe "Rupi Kaur Illustrationen" auf Google oder schaut euch das Instagram-Profil der Autorin an. Zeichnet eigene Bilder passend zu den Gedichten.

© Verlag an der Ruhr | Autorin: Janina Weiß | ISBN 978-3-8346-4340-7 | www.verlagruhr.de

Rupis Blumengarten (2/2)

3. **Rupi verwendet in ihren Gedichten oft Blumen als Symbole für ihre Gefühle.**
   a) **Schlage nach, wie Symbole definiert werden. Du kannst auch auf dem Spickzettel „Wichtige Stilmittel" nachsehen.**
   b) **Erläutere, was die Blumen in den Gedichten *rezept des lebens* und *sonnenblumen* verdeutlichen. Welche Ängste und Hoffnungen symbolisieren sie? Welche Rolle spielen ihre besonderen Eigenschaften dabei?**

4. **Wähle ein Thema für ein Gedicht im Stil von Rupi Kaur. Die folgenden Ideen helfen dir dabei.**

erwachsen werden

eine schwierige Situation überwinden

Personen, die einem nicht guttun, verlassen

sich neue Ziele setzen

den Mut fassen, etwas Neues zu versuchen

   a) **Verfasse dein Gedicht. Verwende dabei auch Symbole, wie z.B. Blumen.**

Tipp: Schreibe das Gedicht am Computer, um es später in einer passenden Schriftart auszudrucken.

   b) **Zeichne eine Illustration zu deinem Gedicht oder suche im Internet nach einer Abbildung, die zum Thema passt.**
   c) **Gestalte dein Gedicht als Foto für einen Beitrag in einer App. Klebe den ausgedruckten Text und die Bilder in den Rahmen.**

   d) **Lies deinen Text in der Klasse vor und erläutere die Gestaltung.**

Sachliche Romanze (1/2)

Sachliche Romanze
Erich Kästner

Als sie einander acht Jahre kannten
(und man darf sagen: sie kannten sich gut),
kam ihre Liebe plötzlich abhanden.
Wie ander'n Leuten ein Stock oder Hut.

Sie waren traurig, betrugen sich heiter,
versuchten Küsse, als ob nichts sei,
und sahen sich an und wussten nicht weiter.
Da weinte sie schließlich. Und er stand dabei.

Vom Fenster aus konnte man Schiffen winken.
Er sagte, es wäre schon Viertel nach Vier
und Zeit, irgendwo Kaffee zu trinken.
Nebenan übte ein Mensch Klavier.

Sie gingen ins kleinste Café am Ort
und rührten in ihren Tassen.
Am Abend saßen sie immer noch dort.
Sie saßen allein, und sie sprachen kein Wort
und konnten es einfach nicht fassen.

Abb.: Dorothee Wolters

Kästner, Erich: „Sachliche Romanze", in: „Lärm im Spiegel", Atrium: Zürich, 1928

1. Lies das Gedicht *Sachliche Romanze* von Erich Kästner.
   a) Fasse die Handlung des Gedichts in eigenen Worten zusammen.
   b) Diskutiert in der Klasse, welche Gefühle das Gedicht bei euch ausgelöst hat. Begründet eure Meinung anhand des Textes.
2. Arbeitet zu dritt.
   a) In jeder Gruppe gibt es einen Erzähler oder eine Erzählerin und zwei Darsteller oder Darstellerinnen. Verteilt die Rollen mithilfe der Rollenkarten (Material B).
   b) Markiert in jeder Strophe die Textstelle, die die zentrale Handlung beschreibt.
   c) Erarbeitet pro Strophe ein Standbild, das den Stropheninhalt und vor allem die von euch markierte Textstelle abbildet.
   d) Übt den Gedichtvortrag und eure Standbilder in der richtigen Reihenfolge ein.
3. Präsentiert eure Ergebnisse und gebt euch gegenseitig Feedback.

Sachliche Romanze (2/2)

Erzähler/Erzählerin

- Während der Erarbeitung der Standbilder weist du den Darsteller oder die Darstellerin an und hilfst ihnen, sich passend hinzustellen.
- Während der Präsentation trägst du das Gedicht vor.

Darsteller/Darstellerin
- Während der Erarbeitung befolgt ihr die Anweisungen des Erzählers/der Erzählerin.
- Während der Präsentation steht ihr absolut still, wie eingefroren da.
- Ihr wechselt die Standbilder passend zum Gedichtvortrag.

Darsteller/Darstellerin
- Während der Erarbeitung befolgt ihr die Anweisungen des Erzählers/der Erzählerin.
- Während der Präsentation steht ihr absolut still, wie eingefroren da.
- Ihr wechselt die Standbilder passend zum Gedichtvortrag.

KLASSE 9/10

MATERIAL B

Sachliche Romanze (2/2)

Erzähler/Erzählerin
- Während der Erarbeitung der Standbilder weist du den Darsteller oder die Darstellerin an und hilfst ihnen, sich passend hinzustellen.
- Während der Präsentation trägst du das Gedicht vor.

Darsteller/Darstellerin
- Während der Erarbeitung befolgt ihr die Anweisungen des Erzählers/der Erzählerin.
- Während der Präsentation steht ihr absolut still, wie eingefroren da.
- Ihr wechselt die Standbilder passend zum Gedichtvortrag.

Darsteller/Darstellerin
- Während der Erarbeitung befolgt ihr die Anweisungen des Erzählers/der Erzählerin.
- Während der Präsentation steht ihr absolut still, wie eingefroren da.
- Ihr wechselt die Standbilder passend zum Gedichtvortrag.

© Verlag an der Ruhr | Autorin: Janina Weiß | ISBN 978-3-8346-4340-7 | www.verlagruhr.de